日本共産党大研究

「躍進」と「不都合な過去」

栗原直樹

まえがき

平成二十八年夏、参議院選挙と東京都知事選挙が行われた。

参院選においては与党が過半数を獲得。「改憲勢力」が三分の二を超えたことも注目を集めた。

首都決戦では政党推薦を受けなかった小池百合子が勝利を収め、初の女性都知事が誕生した。小池の巧みな戦術の一方、年収二千五百万の「プロ」集団・都議会自民党が醜態をさらし、参院選以上に関心を集めたものである。

ところでこの二つの選挙には、ある共通項があった。

民進、共産、社民、生活の野党四党が、連合を組んだことである。

参院選では、要所とされる三十二の一人区全てにおいて、「統一候補」を擁立した。結果は十一勝二十一敗に終わったが、三十一の一人区中、二十九選挙区を与党が制した前回に比べると、一定の成果を示せたといえる。

都知事選でも、蓮舫から石田純一まで様々な名前が入り乱れた挙句、鳥越俊太郎を野党統一候補として擁立。鳥越の政策オンチや「淫行疑惑」によって惨敗に終わったが、野党幹部は連日宣伝カーの上で手を取り合っていた。

定数一名の選挙区の場合、野党がバラバラに戦っていては、票が割れて与党候補に勝てない。それゆえ選挙協力を進めるのは定石だ。しかし、つい先年まで、野党が本格的に連合を組むことは無かった。それが昨年の「安保法案」を足掛かりに共闘を組み始め、今年に入り主要選挙で統一候補を立てるまでに進展。次期衆院選でも野党共闘が続くかどうか、目が離せなくなっている。

では、この野党共闘のカギとなる党はどの党か？

やはり最大野党の民進党だろうか。あるいは「剛腕」小沢一郎率いる生活の党であろうか。否——そうではあるまい。筆者は日本共産党だと考える。

これまで共産党は、各種選挙において、当落を度外視して候補者を立てていた。だが昨年来、「国民連合政府」構想を提唱し、野党共闘を積極的に推進。参院選でも野党一本化を優先し、一人区の公認を香川のみに〝厳選〟した。前回参院選では沖縄以外漏れなく候補を立てた共産党が折れたため、一人区での統一候補が実現したのである。

しかも共産党には、他の野党には無い「組織」がある。主として民進党を支える連合も、数の上では共産党を圧倒する組織を持っている。だが、機動力その他、質の面では共産党に及ばない。

例えば拙宅には、共産党系のビラがしばしば投げ込まれてくる。他党のものが投函されることは滅多に無い。都知事選の際も、郵便物を取り出そうとポストを開けたら、鳥越の確認団体のビラが紛れ込んでいた。アジビラはちらっと眺めてゴミ箱へ放るに限るが、賛否は別として、この種の地道な活動をいとわないのは野党の中で共産党だけである。

また、筆者は代議士秘書時代、ポスター貼りを職務の一つとしていたが、共産党の貼り方には何度か驚かされたものだ。

小舟でも用意したのだろうか、小川を挟んだ壁に四枚連ねて貼ってある。墓地の壁におそらく無断で貼ってある。筆者も含め、「無断貼り」は全党がやっていたものの、その量と無遠慮さの点で、共産党は群を抜いていた。

加えて共産党は、「民主集中制」という名の「独裁的」体質を持っている。そのため他党に比べ締め付けが効く。烏合の衆より少数精鋭。共産票は、多くはなくとも計算できる票なのだ。

都知事選の調査でも、その〝確実性〟が示された。自民党の場合、「都連のドン」・内田茂が凄んだところで、支持者の半数は小池に投票。だが愚直な共産党支持者は、あれだけ失態を見せつけられても、約七割は鳥越の名を書いたのだ。

その組織力と機動力を武器に、「国民連合政府」を目指し始めた共産党。しかし、「野党連合」を図るのは、実は今回が初めてではない。

すでに終戦直後から、「民主統一戦線」を提唱し、昭和三十年代以降も「民主連合政府」を唱えていた。その他「民族民主統一戦線」「革新統一戦線」など色々な形で「野党連合」を模索している。

「国民連合政府」なるものは、往時の主張を焼き直したに過ぎないのだ。

「往時の主張」といえば、かつて共産党は「暴力革命」を標榜していた。

昭和二十六年二月、第四回全国協議会（四全協）にて「軍事方針」を採用。同年十月の五全協で、暴力革命を本旨とする「五一年綱領《こうりょう》」を採択した。これに基づいて、「中核自衛隊」「山村工作隊」といった「実行部隊」が組織され、各地で騒乱を起こしたのである。

本書はこの「暴力革命」の指針となった文書を掲載した。

「暴力革命路線」の土台となった四全協、五全協の決定事項、さらには武装闘争の教本たる秘密出版物……その内容には戦慄を覚える。一般国民がこれらの資料を目にすることは、なかなか無いはずだ。

軍事方針を採択した当時、共産党は概して二派に分裂していた。そのため現委員長の志位《しい》和夫《かずお》らは、「武装闘争は分裂した一方の側がやったことだ」「党が正式に暴力革命路線を採ったことはない」と説明している。

しかし、武装蜂起を行った側が、共産党の主流派であったのだ。しかも昭和三十年、武装闘争には無関係だとする反主流派も加わった六全協において——「暴力革命路線」を自己批判したものの、その指針であった「五一年綱領」に関しては、「画期的意義」を持っていたと評価しているのである。

さらに、「平和革命路線」に転じた後も、「革命が平和的に行われるか否かは敵の出方による」などと「敵の出方論」を展開している。場合によっては「暴力革命」もありうるということだ。この論は、長らく共産党に君臨した宮本《みやもと》顕治《けんじ》が著書で明確に述べており、本書ではその原文も掲載した。

「方向性はともかくとして、主張は首尾一貫している」

共産党をこのように「評価」する向きも一部にある。けれども共産党史をひもとくと、たびたび路線転換していることに気付く。そして路線が転換すると、それまでの主張は否定され、粛清の嵐が吹き荒れるのだ。

軍事方針を採った徳《とく》田《だ》球一《きゅういち》は死後に非難の対象となり、中ソ対立の際は中共に寄ってソ連派を追放。中共との仲がまずくなると、今度は中共派を放逐する……。

こういう過去を顧みると、「今の平和革命路線も、いずれ否定されるのでは」と危ぶまれなくもない。「共産党は暴力革命を諦めていない」という声は根強いが、それも杞憂でないと思えてしまうのである。

一方で、共産党はすでに「議会政党」となっている、再び暴走することなど無い、という見方も少なくない。野党共闘で話題を集め赤旗拡張・党勢拡大、あわよくば政権入り……もはやこうした「現実主義」に転じており、無理に革命を起こす気など無い、との楽観論だ。「安住論」ともいうべきか、昔のように「闘士」がいない現状では、この種の意見も一理ある。

政府・公安当局の見方はといえば――共産党を監視対象から外していない。「敵の出方論」を堅持している以上、「暴力革命を捨てていない」と見ているのだ。それのみか、過去の暴挙を「分裂した一方の側がやったこと」などと強弁するこの党の体質に、不安と警戒心を抱いているのではないか。

平成二十八年七月十五日、日本共産党は創立九十四年を迎えた。日本で最も歴史の長い政党である。裏返していえば、九十四年の歳月を経ても、革命を達成できなかったということだ。

日本人の平均寿命を超える歴史を持ちながら、究極の目的を実現できずにきた日本共産党――その党史を振り返ることで、「革命政党」の本質が見えてくるのではないだろうか。

栗原直樹

日本共産党大研究

――「躍進」と「不都合な過去」

目次

第二章　暴力革命と特高

第三章　愛される共産党

第四章　レッドパージと武装闘争

第五章　宮本顕治は何をしたのか

第六章　共産党はどこへ行く

序章

躍進の影に隠された二冊の書

共産党の真の姿はどこにあるのか

……筆者の手元に二冊の本がある。

一冊は『日本共産党党性高揚文献』。もう一冊は『日本の暴力革命テキスト』。

前者は昭和二十七年、後者は四十四年に出版されたものである。いずれもとうの昔に絶版となっている。

筆者は中学時代より、古書収集に奔走してきた。古書の世界は密林のようなもので、目当ての本がすぐに見つかるとは限らない。それゆえ一冊を探すためだけに、数年費やすことも少なくない。二十年かけて探し当てた本もある。

上記の二冊も一苦労して手に入れた。が、初めから書名を認識していたわけではない。あるテーマの本を探している中で、偶然見つけたものである。

そのテーマに関しては、多くの人が批判的に言及してはいるものの、実際どのようなものなのかはあまり知られていない。新刊書で具体的に扱っているものは無く、古書街や大きな図書館で探すしかないのだ。そこで筆者も古本市や古書店へ行くたびに、関係ありそうな書名の本を手当たり次第確認していたのである。

そのテーマとは――日本共産党がかつて行った、「武装闘争」に関する資料だ。巷間伝わる「暴力革命路線」とは、どういう指令に基づいたものなのか、それを拝見したいと考えていたのである。

先に挙げた二冊には、まさにその原文が掲載されていた――。

日本共産党が元気だ。平成二十五年の参院選では改選三議席を八議席へ増加させ、翌二十六年の衆院選では八議席から二十一議席へ伸長。いずれも三倍近い躍進である。

今年の参院選でも勢いは続いた。改選三議席を六議席へ倍増させたうえ、一人区における野党共闘を実現させたのである。

従来共産党は、一部空白区があるとはいえ、原則として全選挙区に候補者を立てていた。しかし今回の参院選では、勝敗の決め手とされる一人区において、野党間の選挙協力を推進。公認候補は香川県のみという大幅譲歩をすることで、三十二の一人区全てで野党一本化を実現し、曲がりなりにも十一選挙区で勝利を収めたのである。

院外でも意気盛んだ。昨年成立した「安保法制」を「戦争法」と呼び、国会周辺その他で反対運動を展開。民進、社民、生活各党や「ＳＥＡＬＤｓ（シールズ）」らと、法制廃止の気勢をあげていた。この反対運動を契機に「国民連合政府」構想を提唱し、参院選での野党共闘につなげるのである。

共産党の勢いには相応の理由がある。例えば「政治とカネ」に対する毅然とした態度だ。舛添要一前都知事の「公私混同疑惑」では、機関紙の赤旗が火付け役となった。共産党都議もそれなりの追及姿勢を見せた。共産党の存在意義は腐敗追及にあると思うが、「舛添問題」でも他党に勝る役割を果たしたといえよう。

低姿勢の裏で「先代以来の利権自慢」や「銀座で土建屋に奢らせた自慢」を得々と語る、貫禄たっぷりの若手都議あたりにも追及の矛先を向けてほしいが、とにかく非妥協的な面を持つ共産党は、与党批判の受け皿として存在感を増しているのである。

実のところ、共産党がある種の「人気」を集めるのは、何も近年が初めてでは無い。九十四年に及ぶ共産党史を振り返ると、何度か飛躍の時期があったのだ。

昭和二十四年、日本国憲法下初の衆院選では、四議席から一挙に三十五議席へと急伸している。また昭和四十年代も、不破哲三《ふわてつぞう》に代表される「ソフト路線」が奏功し、総選挙で〝連勝〟。五議席から十四議席、十四議席から三十八議席へと躍進した。平成八年衆院選でも、小選挙区制導入で不利と見られた中、十五議席から二十六議席へ伸長した。「共産党人気」

はこれまでも定期的に訪れていたのである。

逆にいうと、「人気」が続かず、安定して議席を保てなかったということになる。一時的には伸ばしても、やがて元の木阿弥になってしまっていたということだ。

特に昭和二十年代の急落ぶりは凄まじい。前出のように、二十四年の総選挙では、当選者を四名から三十五名へ急伸させたが、二十七年衆院選ではゼロ。翌二十八年も一議席にとどまった。その後四十四年まで、総選挙での当選者は五名以下で推移するのである。

これほど転落した原因は何であろうか。二十年も「冬の時代」が続くとは、一体何があったのか。

実はこの時期共産党は、「武装闘争」を展開していたのである。

昭和二十五年一月、ソ連を中心とする共産主義の国際組織「コミンフォルム」が、機関誌にて日本共産党を批判。その中身は、当時共産党が志向していた「平和革命」を否定するものであった。この「コミンフォルム批判」をきっかけに、共産党は「暴力革命路線」へ舵を切った。

昭和二十六年二月、第四回全国協議会（四全協）を開催し、「軍事方針」を決定。続く十月に開かれた五全協において、「暴力革命唯一論」に基づく「五一年綱領」を採択し、各地で武装蜂起を開始するのである。

ここで、冒頭に掲げた二冊の本に戻る。

『日本共産党党性高揚文献』には、現党史では「分派の仕業」とされてしまった「四全協」「五全協」の全文が載っている。そこにははっきりと、「武力闘争（原文では「斗争」）」「武装蜂起」の文字が見られる。非合法闘争を志向する文もある。

現在、日本人民を支配しているものは、米帝国主義とその手先たる日本の金融資本、地主、官リョウの反動勢力である。しかもその支配は、米軍を主力とし、国内の傭兵軍、警察、暴力団を含む一切の暴力組織を背景にして、集中的に行われている。従つて、これを打倒するため、革命は、米軍を駆逐し、一切の暴力的抑圧機関を粉砕する人民の武力斗（ママ）争が必要であり、一定の主観的客観的条件の成熟の下で、労働者階級のゼネスト――武装蜂起を主力とする民族解放戦争として実現されるであろう。（『日本共産党第四回全国協議会決定　第三、軍事方針について』より。傍線筆者）

『日本の暴力革命テキスト』はもっと生々しく恐ろしい。「武装闘争」のやり方を記した秘密文書を掲載しているのだ。それらは『球根栽培法』『新しいビタミン療法』といったタイトルが付けられているが、中身は火炎瓶の作成方法など、危険に満ち溢れている。

軍事問題の論文を発表するにあたって

第五回全国協議会は、万場一致で新しい綱領を採択した。この軍事問題についての論文は、われわれが不充分ながら行ってきたこの問題についての実践の発表であると共に、新しく採択された綱領にもとづく具体的な指針である。新しい綱領は、「民族解放・民主政府が妨害なしに平和的な方法で、自然に生れると考えたり、或いは反動的な吉田政府が、新しい民主政府に、自分の地位をゆずるために、抵抗しないで自ら進んで政権をなげだすと考えるのは、重大な誤りである。」と述べて、国民の革命的闘争を組織するように訴えている。この論文は、この点を明らかにしたものである。

われわれは、軍事問題を真剣に取上げ、それを行動にうつさなければならない。それなしには、新しい綱領を実現することも、このための闘いに勝利することもできないのである。わが党が、社会民主主義者の諸党派と根本的に異る点は、この問題をとりあげ、明確な目標のもとにこれを実践する点にある。

いまや、総ての国民はこの問題を取上げることを求めており、これなしには勝利し得ないことを理解している。従って全党が、この論文を新しい綱領や、第五回全国協議会の一般報告と合せて討議し、これを単なる論文として眠らせることなく、実践のための武器にされんことを希望する。

―1―

－4－

われわれは、武装の準備と行動を開始しなければならない

―2―

問　われわれに、何故軍事組織が必要か

答　武装した権力を相手に闘っているからである。日本の国民の利益を守って、国民を現在の奴隷状態から救い、民族解放、民主革命を闘いとるためには、アメリカ帝国主義者の日本に対する占領制度を除かねばならない。

ところが、彼等は、日本の国民を支配するばかりでなく、ソヴェト同盟や中華人民共和国をはじめ、アジアの諸民族を侵略し、支配する野望を持っている。この野望を達成するために、近代的な軍事科学によって武装された、軍隊と軍事基地を日毎に強め、新しい戦争計画を推し進めている。また、反動的な

－5－

吉田政府を援けて、日本の国土と国民を彼等の相棒に仕立てようとしている。

売国的な吉田政府は、アメリカ帝国主義者のこの野望に同意し、占領制度を延長するための日米安全保障条約を締結、警察予備隊、海上保安庁等の新しい軍隊を強めている。彼等は、これによって、日本軍国主義を再建すると共に、警察や軍隊の周囲に消防団、鉄道公安官、刑務官等やガード、職制、反動的暴力団等を結集し、国民にファッショ的な体制を押しつけているのである。この侵略的な武装力と、一切の暴力組織が、吉田政府と占領制度に反対する国民を弾圧し、戦争によって利益を得る日本の独占の反動勢力を守っている。

従って、平和的な方法だけでは、戦争に反対し、国民の平和と自由と生活を守る闘いを推し進めることはできないし、占領制度を除くために、吉田政府を倒して、新しい国民の政府をつくることもできない。彼等は武装してあり、それによって自分を守っているだけではなく、われわれをほろぼそうとしているのである。これとの闘いには、敵の武装力から味方を守り、敵を倒す手段が必要である。この手段は、われわれが軍事組織をつくり、武装し、行動する以外にない。軍事組織は、この武装行動のための組織である。

この組織は、日本の国民の他の政治闘争の組織と同じく敵に対する闘いの組織であり、全体の階級闘争の組織と行動の一部分をなすものである。しかしこれは、階級闘争の最も先進的な、最も重要な部分であり、この組織と行動なしには、われわれは解放に勝つことができず、また勝利を保つことも出来ないのである。

従えてわれわれは、どうしても軍事組織をつくることが必要であり、これをつくらなければならないのである。このことをわれわれが真剣に考え、準備しない限り、国民の利益を守ることも、国民を奴隷的状態から救うこともできないのである。

―3―

－6－

問　敵の武装力と対抗できる軍事組織をつくることができるか

全く外観的なものである。何故なら、彼等の武装力は、日本の国土と国民に依存している。彼等の近代的な軍事行動の基礎となる、軍需品の生産と輸送は、労働者階級の手に握られている。ところが、この階級こそ、最も戦闘的なわれわれの味方であり、主力である。

労働者階級は、敵の軍需品の生産と輸送に反対して、これを破壊し、敵を麻痺させることができるだけでなく、武器をつくって自ら武装したり、これを農民に与えて、農民の武装を援けることさえできる。

―4―

答　もちろんできる。しかし、それは非常に困難な仕事である。何故なら、敵はきわめて近代的な軍事科学によって武装している。彼等は優秀な武器を持ち、しかもこれに習熟している。そのうえ日本の国土は比較的小さく、交通が発達している。山岳地帯でさえ村落があって、道路が開かれている。このことも敵の機動力を援け味方の行動範囲をせまくしている。従ってわれわれが、小さな軍事組織をつくって、敵に正面から対抗しても、敵は直ちにわれわれを潰すことができる。

しかし、この敵の有利な条件は、よく検討すると日本に工業が発達し、たくさんの組織労働者がいることは、国民の武装を容易にしているのである。

また、敵の機動力に不可欠な交通路線は、起伏の多い国土を通っており、これは農村の、幾百万の農民の前にさらされている。この農民も、労働者階級と同じく、敵の収奪に苦しみ、これと闘っているわれわれの味方であり、農村の主力である。

更に、反動的な吉田政府が、彼等を守るために養ない育てている、軍隊の多くの部分も、彼等に搾取され、抑圧され生活の道を失った労働者と農民の出身であり、常に動揺し、内部で対立している。彼等

－7－

『球根栽培法』より　本文134P、135P、136Pを参照

こうした「暴力革命路線」を突き進んだことで、共産党は国民の信を著しく失った。先述の通り、二十年も逼塞《ひっそく》を強いられ、その後も節目で「古傷」を蒸し返される羽目となるのである。

「国民連合政府」を提唱し、野党共闘を推し進める共産党。天皇陛下ご臨席の国会開会式にも出席し、その「ソフト路線」は本物のようにも見える。

しかし一方で、次に掲げる如く、「暴力革命」の過去に頬かむりしている。

今から六〇年以上も前に、中央委員会を解体し、日本共産党を分裂させた一方の側が、旧ソ連や中国の言いなりになって「武装闘争路線」を日本に持ち込んだことがあります。しかし、それは分裂した一方の側の行動であって、1958年の第7回党大会で党が統一を回復した際に明確に批判され、きっぱり否定された問題です。日本共産党は、戦前も戦後も、党の正規の方針として「暴力革命の方針」をとったことは一度もありません。（『しんぶん赤旗』平成二十八年六月十一日）

「分裂した一方の側」だけの責任でないことは、のちほど解説していくが、「1958年の第7回党大会で党が統一を回復」という一文も誤りだ。「統一」はそれ以前になされている。そのことも説明していくが、こうして過去を〝改訂〟するのも共産党の特質である。「暴力革命唯一論」の「五一年綱領」も、「分派によって採択されたものなので、綱領とよぶのは適切でない」（『日本共産党の七十年』）として、平成五年から「五一年文書」と言い換えられている（『日本共産党綱領文献集』にも未掲載）。

柔軟姿勢を見せる反面、「不都合な過去」を直視せず、「分派」に責任転嫁する……とみに注目を集める共産党の、真の姿はどこにあるのか。

ある組織がいかなるものかを知るためには、その成り立ちから考察してみる必要がある。そこで、日本共産党史の概観を辿っていくことで、この党の来し方と本質を探っていきたい。

第一章　コミンテルンの指導の下《もと》で

日本共産党結成前夜

日本の近代は、明治維新と共に幕開けした。

日刊紙、郵便制度、鉄道……パン食も広まった。文明開化の音がして、社会は一変したのである。

日本の社会主義運動も、明治時代に始まった。

維新直後、キリスト教宣教師によって「社会主義」なる言葉が伝えられ、明治十五年には「東洋社会党」「車会党《しゃかいとう》」という二つの結社が誕生した。いずれもすぐに消滅したが、「社会主義政党」の萌芽であった。なお、「車会党」とは誤植でなく、鉄道の開通で失業危機に見舞われた、人力車夫らが中心となって結成したものである。

同年には日本銀行が設立され、翌年には鹿鳴館が開館。八年後には帝国議会が開会する。

日本の近代化に伴って、「社会主義思想」も芽生えていたのである。

続いて明治三十年、高野房太郎《たかのふさたろう》、片山潜《かたやません》らが「労働組合期成会」を設立する。高野はアメリカで労働運動に関与。片山も米国留学をきっかけに、労働問題に関心を持つようになっていた。アメリカ帰りの面々が、日本の労働運動の先駆者となったのだ。

高野、片山らが結成した期成会の指導の下、労働組合が続々と組織され、幾多の労働争議が発生した。事態を危惧した政府はストライキを事実上禁じる治安警察法を制定。この法律によって、労働運動は早々に試練の時を迎えた。

明治三十四年には、片山や幸徳秋水《こうとくしゅうすい》、東京専門学校（のちの早大）講師の安部磯雄《あべいそお》らが「社会民主党」を結党する。だが、これも治安警察法により、創立二日後に解散。同三十九年には、元万朝報記者・堺利彦《さかいとしひこ》らが「日本社会党」を結成するが、これまた同法で翌年結社禁止となった。そして明治四十三年、幸徳ら社会主義者・無政府主義者が天皇暗殺を企てたとする大逆事件が発覚し、十二名が死刑に処されてしまう。日本の近代化は進んでいたが、社会主義運動の方はこの事件で一旦頓挫するのである。

余談だが、幸徳は寝業師といわれた保守政治家・小泉三申《こいずみさんしん》を親友に持ち、

「他にいかなる長所があろうと不美人なら愛情を感じない」

という〝美人至上主義者〟でもあった。多様性のある人物だったようだが、今ならフェミニスト各位から抗議されてしまうかもしれない。

さて、明治が終わり大正を迎えると、社会主義を取り巻く状況も変わってきた。

当時、日本は日露戦争に勝ち、世界の一等国への道を驀進《ばくしん》していた。その反面、労働者の過酷な労働条件が問題になっており、社会主義が浸透しやすい条件下にあった。そうした時代背景の下、外国で起きた出来事を引き金に、日本の社会主義運動も息を吹き返してくるのである。

「外国で起きた出来事」とは──大正六年、レーニンによるロシアの共産革命・ソビエト政権樹立である。レーニンは二年後、ソ連を中心とした革命勢力の国際組織「コミンテルン」を創設。コミンテルンは各国共産党を支部と位置づけ、資本主義の打倒、全ての階級の廃止などを目標とした。

そして、それらの目標達成のためには、

「武器を手にとることをふくめて、あらゆる手段でたたかう」（『共産主義インタナショナル規約』前文）

などと「暴力革命」を扇動。この革命組織コミンテルンが、日本にも工作を仕掛けてきたのである。

大正九年、コミンテルンは上海ビューロー（事務所）を設置して、日本に連絡員を派遣してきた。連絡員は堺利彦、堺一派の山川均《やまかわひとし》ら社会主義者と接触し、共産党を結成するよう促すが、大逆事件の記憶が残る日本の左派は躊躇した。結局、アメリカで社会主義運動をやっていた近藤栄蔵《こんどうえいぞう》という男が上海へ渡り、活動資金を貰って帰国する。

ところがこの「日本代表」は、その金で派手に芸者遊びをやらかし、警官に不審がられて逮捕されてしまう。近藤は処分保留で釈放されるが、大金の出所を
「某外国人から運動資金として貰った」

と白状し、身辺を警戒されることになった。

近藤は堺、山川らを訪れ共産党結党を持ち掛けたものの、

「近藤には当局の目が付いている」

と拒まれ、別人らと「暁民共産党」を組織する。しかし結成まもなく一斉検挙され、もろくも崩壊。暁民の「暁」とは「夜明け」という意味を含んでいるが、まだ共産党に夜明けは来なかったのである。

「治安警察法」発動

暁民共産党が壊滅する少し前、またぞろコミンテルンの密使が来日した。コミンテルン主催の極東諸民族大会へ、日本も代表を送ってくれと要請するためだった。そこで近藤らが声をかけ、徳田球一など七名が大会に出席する。モスクワで開かれたこの会で、日本の参加者は「本家」の徹底した指導を受けた。教育係はスターリンだったそうだから、さぞや厳しい

教えを受けたのだろう。大会後もロシアに残留し、共産主義の教育機関であるクートベで学んだ者もいた。こうした手取り足取りの指導の下、コミンテルンはあらためて「日本共産党設立指令」を下したのである。

共産主義の要諦《ようてい》として上意下達《じょういかたつ》の徹底がある。下は上部組織で決められたことに、黙って従わなければならない。コミンテルンは各国の支部をその方法で徹底的に指導してコントロールした。日本共産党も創立前からコミンテルンの絶対的支配を受けていた。

なお、当時はロシアへ行くのも一苦労で、どんなに急いでも片道二十日はかかったという。徳田らのケースでは、片道三か月も費やされたそうだ。これでは連絡がスムーズにいくはずもなく、情報伝達の遅れや行き違いがままあった様子だ。

代表団は、近藤と等しく資金を受け取り帰国した。が、この金はどこかへ消えてしまった。徳田の語るところでは、資金を預かっていた同行者が、恐怖のあまり帰りの船中で海に投じてしまったのだという。しかもその男は帰国後行方不明になっている。この例といい、近藤の遊興といい、「政治とカネ」の問題は、何も保守政党に限ったことではないようだ。

ともあれ、帰国した代表団は、大正十一年七月十五日、渋谷区伊達町の民家で「日本共産党」を結成した。現在まで続く「不屈の歴史」の第一歩である。非合法組織ゆえ、一民家の部屋の中でのスタートであった。

ちなみにこの二か月前、作家で僧侶の瀬戸内寂聴が誕生している。〝同い年〟の尼僧《にそう》は党

創立九十三周年の際、

「ずっとぶれてないのは共産党だけです」

「ずっと共産党に入れてる」

「共産党がちっともぶれないで頑張ってくれてること、非常にありがたく頼もしく思っております」

と、好意的なメッセージを寄せた。「ぶれない」ところが好きなのだそうだ。

投票行動は自由だし、ありがたく頼もしく思うのも自由だ。が、「ぶれない」とは本当か。瀬戸内以外からもたまに聞かれる意見だが、本当に共産党はぶれていないのか――本書を通読していただければ、その答えがわかるはずである。

話を戻す。密かに生まれた共産党は、委員長に堺利彦、中央委員に山川均、近藤栄蔵、荒《あら》畑寒村《はたかんそん》、徳田球一らを選任。十一月、コミンテルン大会に代表を派遣し、「コミンテルン日本支部日本共産党」として正式発足の運びとなった。

とはいえ、党の実体はあってないようなものだった。コミンテルンには三桁の党員がいると報告したが、実際は百名も怪しいほどで、組織も系統だったものではなかった。

綱領も未確定だった。コミンテルンから綱領草案を与えられてはいたが、それはすんなり採用できる代物ではなかった。というのも、草案は「天皇制廃止」を掲げていたのである。

ちなみに「天皇制」なる呼称は、戦前はほぼ共産党員限定の言葉で、辞書にも記載は無く、つまり一般国民の語彙《ごい》には無かった。戦後に一般化してしまったが、本来は皇室を敵視する意味合いを含んだ左翼用語である。

ともあれ大逆事件の余燼《よじん》が残るこの当時、「君主制打倒」を標榜することは、まさに命がけの行為であった。石神井における臨時党大会の際、委員長の堺などは

「天皇の問題を審議するなら退席する」

と言い出したほどである。

「この問題を議題から抜くわけにはいかぬ」

「この集まりだって危険なのだ。警戒しなくてはいけないのだ！」

といったやりとりが続いた後、「天皇」を「オヤジ」と言い換えて話し合い、「『君主制廃止』を認めはするが、文書等では触れない」ことで決着をつけた。「オヤジ」と言い換えるあたり、廃止を狙う対象に敬意を表しているようで面白い。

天皇の件は議事録にも記録しなかった。議事録をとっていた高瀬清は、のちに逮捕された際、「君主制廃止」を記録したか否か忘れてしまい、書いていなかったとわかるまで、夜も眠れなかったという。

皇室の問題は、それほど共産党を縮み上がらせていたのだが、当時と違って「天皇批判」をいくらでもできる今日においても、日本国民の大多数は皇室を畏敬しているのだから皮肉な話だ。現在共産党は、

「国民が廃止を求めるようになるまでは天皇制と共存する」と謳《うた》っているが、永遠にその日はやってこないだろう。

極東諸民族大会におけるコミンテルンの指令には、共産党本体とは別に、青年組織をつくれというものもあった。そのため学生らのオルグを目的とした、「日本共産青年同盟」が結成された。のちの全学連やＳＥＡＬＤｓ等、共産党は若者と交流したがるが、それは結党以来の伝統だといえそうだ。

労働者組織の「レフト」も結成された。「労働者階級の党」であるはずの共産党だが、当初は思想面から運動に入ったインテリばかりで、労働者はほとんどいなかったという。獲得に力を入れた甲斐あって、全体の半数近くにまで労働者党員が増えたとのことだが、労働運動に案外弱いのもまた共産党の伝統である。

かつての「労働四団体」、総評、同盟、新産別、中立労連の中で、共産党支持の団体はゼロ。そこで苦肉の策として、「政党支持の自由」を叫び、社会党や民社党への労組支援を弱めようと腐心していた。また、当節共産党と「連帯」している全労連も、連合の数分の一の組合員数にとどまっている。「ブラック企業」対策など、労働者側に立った政策を打ち出してはいるが、共産党が名実ともに「労働者階級の党」となる日はまだ遠いようだ。

小なりといえど外郭団体も発足させ、ひそひそと勢力拡大を図っていた共産党であったが、革命への道は甘くない。結党一年を前に、官憲の手が伸びてきた。

大正十二年六月、青年同盟委員長の佐野学《さのまなぶ》が、党の書類を元炭鉱夫の男に預けたことを端緒として、一斉検挙が行われたのである。

この炭鉱夫、あるいはその周辺が当局のスパイだった模様で、委員長の堺以下、八十余名が治安警察法違反で逮捕された。戦前の共産党はスパイに振り回されて消滅の道を辿るのであるが、創立当初より密偵が潜入していたのである。

解党と再建

共産党が一網打尽にされた三か月後の大正十二年九月、関東大震災が発生した。死者は九万以上を数え、交通網・通信網も支障をきたし首都圏は混乱に陥った。

どさくさに紛れ、様々な流言が飛び交った。「社会主義者が震災に乗じて不穏な動きをしている」との噂も流れた。そうした物騒な雰囲気の中、社会主義者や無政府主義者が官憲の手で殺害される「亀戸事件」「甘粕事件」が起きたのである。

これらの事件は獄中の共産党員を震え上がらせ、萎縮させるに十分だった。

それまで黙秘していた幹部らは自供を開始。弁護士を嘆かせたほどの勢いで事実関係をしゃべり始めた。その後も共産党員は、捕まるたびにあっさり自供してしまい、「自供者の情報提供量はスパイのそれより多い」といわれてしまうことになる。

さらには解党の動きまで出た。

一斉検挙された共産党幹部は、最終的にほぼ全員有罪となったが、禁固八か月から十か月程度の比較的軽微な量刑だった。しかし公判中は、「大逆罪」で死刑となることが懸念され、「ならば、いっそ」とばかりに解党論が台頭したのである。

委員長の堺利彦からして
「解散しておけば最高幹部以外は死罪を免れる」

と解党論へ傾斜。その他の被告間でも
「日本で共産党を結成するのは時期尚早だ」

との意見が大勢を占めた。

そして大正十三年三月、主だった幹部が討議した結果、解党を決議するのである。反対したのは荒畑寒村ただ一人で、

「これで解放された」

「ホッホ！（ドイツ語で「万歳」）」

とはしゃぎまわった者までいたという。

解党を決めた共産党は、残務処理と「将来の再建」のためにビューローを設置。ビューローはコミンテルンに解党決議を報告した。

しかし本家コミンテルンは、支部の勝手な判断を認めなかった。解党は誤りだと断じて党

を再建するよう指令を下した。やむなくビューローは協議を重ねたが、結論は「解党」で変わらない。

再建しろ、しないのやりとりが主従間で繰り返されたが、所詮、支社は本社に勝てない。大正十四年一月、主要幹部が上海に呼びつけられ、解党は間違いだったと認めさせられたうえで、党再建が決定した。なおその間、コミンテルンからの再建資金が行方不明になるという、何度目かの金銭トラブルも起きている。

この上海会議においては、労働運動の育成や機関誌の発行など新方針も決まった。

だが堺利彦、山川均は

「僕は協力できない」

と賛成せず、再建運動からの離脱を表明。徳田球一らの若手を中心とした体制で、再建ビューローが発足した。

ところがこの新体制は、出発早々つまずいた。上海会議の方針書など、重要文書を当局に押収されてしまったのだ。文書の保管者は、のちにスパイだとして除名される男である。つまり、再建ビューローは、スパイが潜入した状態で出帆していたのである。

しかも重要文書押収の件は幹部間で揉み消され、一般党員はのちの裁判の過程において、その事実を知ったそうだ。「暴力革命」の過去を知らない党員も居るという、現在にも通ずる話である。

ちなみに再建ビューローが船出した頃は、いわゆる「大正デモクラシー」の御時世で、締め付けの厳しい時代では無かった。船出前年には第二次護憲運動が発生し、衆議院で多数を占めた憲政会の加藤高明内閣が発足している。それでも共産党がこれだけ警戒されたのは、外国のヒモ付きであることと、「君主制打倒」を企てていたためだろう。

さて、警察に尻尾をつかまれたままスタートした再建ビューローは、上海会議の決定を受け、労働運動に力を注いだ。

当時、労働運動の中心は日本労働総同盟である。この総同盟に、解党決議以来、多くの共産党員が流れ込んでいた。

新方針の下、彼らは総同盟の主導権を握ろうと躍起になり、これに対抗する右派との対立が激化。ついには分裂騒ぎに発展し、左派を核とした「日本労働組合評議会」が結成された。総同盟の約二万に対し、評議会も約一万の組合員を擁し、共産党は労働運動に一定の勢力を持つに至ったのである。

ここで興味深い事実がある。評議会の委員長は、左派でなく中間派の人物が就いているのだ。当時総同盟右派だった、のちの民社党委員長・西尾末広《にしおすえひろ》によると、人事に不満を持つ不平分子を左派が担いだのだという。今も選挙や市民運動で、共産党が党外の人間をダミーとして戴くことはままあるが、それもまた、戦前以来の伝統だといえそうだ。

また、再建ビューローには、コミンテルンからの指導係も派遣されてきた。ヤンソンというその男は、世界各国で活動していた革命家であり、左翼労組の国際組織「プロフィンテルン」の幹部でもあった。ソ連大使館に詰めるこのヤンソンの指導に基づいて、様々な方針が定められた。

その一つに機関紙の発行がある。ソ連の「プラウダ」に代表される如く、機関紙に比重を置くのは左翼の常だが、それまで日本の共産主義者は機関紙を出していなかった。しかし、ヤンソンの指令をきっかけに、「無産者新聞」なる合法機関紙を発行する運びとなったのである。

主筆には佐野学が就任し、「無産者階級の全国的政治新聞たらんことを期す」など三つのスローガンを掲げた。部数は当初二万五千部で、月二回の発行である。労組などシンパ層に頒布されたが、発禁も多く部数は拡張しなかった。だがその後非合法で創刊された「赤旗」が、戦後になって急速に部数を拡大させ、「全国的政治新聞」といえなくもない存在となるのである。なお、当然のことながら、機関紙発行資金もコミンテルンから出ていた。

激震！　無名の30歳の大論文

ヤンソンに導かれた再建ビューローは、機関誌発行と並び失業運動や青年運動にも取り組んだ。幅広い浸透を図る共産党ならではのやり方である。コミンテルン、プロフィンテルンの総会にも代表者を派遣し、着々と態勢を整えていた。

ときに共産党といえば、「運動」と並び「理論」が好きだ。党の文書や演説でも、「ナントカ主義」「ナントカ論」といった難しげな言葉がしばしば飛び交う。そもそも共産党なるものが、マルクスという思想家の「理論」を基にした政党であるから、それも当然のことかもしれない。

理論は人が作り出す。現在は減ったといわれるが、かつては何人もの理論家がいた。他党には稀な「理論家」の存在が、良くも悪くも党史を彩った面もある。創立当初は山川均が最高の理論家と目されており、その主張は「山川イズム」と呼ばれた。

山川は大衆運動を志向した。大衆と結びつかない党は不要で、各層との幅広い共同戦線を進めていくべきだと主張したのだ。

また山川は、コミンテルンの指令を無条件に受け入れることを排した。各国が各国の条件に沿った理論で、自主的に革命を進めていくべきだと論じたのである。

先の共産党解党の論拠ともなった「山川イズム」は、その後労農派の理論として、戦後は社会党左派の理論として、後世まで脈々と続くことになる。「マルクス関連の個人蔵書世界一」――五万冊といわれる――の向坂逸郎《さきさかいつろう》も、この「山川イズム」の系譜に連なる理論家である。

付言すれば、宮本顕治が昭和四十年代に確立し、現在の党も自賛している「自主独立路線」も、各国が自主的に革命を推進していくべきだとする「山川イズム」に酷似している。だが実は、山川以降も「自主独立」を唱えた者が多く居た。しかしその全ては非難の対象となり、党から排除されていったのだ。

ところがソ連や中共との関係がこじれると、臆面もなく「自主独立路線」を歩み出すのである。こうした共産党史の特質を、評論家の立花隆は「現在の党路線の正しさを強調すればするほど歴史の中の党の誤りが強調され、歴史の中の党を称揚しすぎると、現在の党路線に疑いの目が向けられるというジレンマがある」と的確に評している。

それまで否定していた「自主独立」を選んだように、再び「暴力革命」を採択するのではないか――こう勘繰られてもやむを得ないだけの理由が、共産党の履歴書には書かれているのである。

ところで山川は、『マルクス主義』なる雑誌を主宰していた。これはその当時、ほぼ唯一の左翼理論誌で、のちに右派へ転向し、『大東亜戦争肯定論』を著す林房雄《はやしふさお》も編集部員の一人だった。

大正十三年末、この『マルクス主義』編集部宛に、ある論文が送られてくる。その論文が、日本の共産主義者たちを震撼させるのである。

初めに原稿を読んだ編集部員が林房雄に話しかけた。

「おかしな文体だが、何かありそうな気がしますね。随分と勉強した人らしい。僕たちの読んだことのない文章ばかり引用してありますよ。このまま発表してもよいものか……どうでしょう?」

「いいものだったら、出しましょうよ。新人は大いに歓迎すべきです。理論家は少ないですから」

「まあ、読んでみてください」

目を通した林は驚いた。マルクスやレーニンの著書から博引旁証した体なのだが、その引用文が、今まで見たこともない文章だらけだったのである。日本のマルクス主義者がいかに無学だったか思い知らされる内容だった。

この論文は掲載が決まり、その後も「続編」が発表された。各論文の中で、山川をはじめとする理論家たちが、ことごとく批判されていった。が、名うての理論家らも、誰一人として反論できなかった。

林房雄もまたやり玉に挙げられた。「理論家」を自負する林は引き下がらず、何度も論文を読み返し、反撃を試みた。しかし反論しようにも、著者が博識すぎるため、どこから切り返せばよいのかさえわからなかった。

当時の代表的マルクス経済学者・河上肇《かわかみはじめ》も論破され、著書を全面改編せざるを得なくなった。それほど知識水準の高い論文であった。

論文の執筆者は山口高商教授の福本和夫《ふくもとかずお》で、まだ三十歳の無名の人物だった。福本はヨーロッパへの留学経験を持ち、その間数万の書物を掻き集め、それを駆使して大論文を書き上げたのである。

では、これほどの反響を巻き起こした福本の理論とは――大衆運動を重んじる山川とは逆に、少数精鋭を主張するものであった。

共産党とは、思想的に純化されたマルクス主義者の集団でなければならない。そうあるためには、徹底的な理論闘争を行って、不純なマルクス主義者を分離し、純正マルクス主義者のみが新たに結合し直すべきだ――これが福本理論の根幹をなす「分離・結合論」である。理論に長けた職業革命家がリードする、少数精鋭の共産党を唱えたのだ。

この「福本イズム」は瞬く間に共産主義者たちを惹きつけた。今も昔も左翼は「インテリ」が多い。現場より文字を好むインテリに、理論重視の「福本イズム」は好ましく映ったのである。

福本は再建ビューローにも大きな影響を与えた。党創立以来の理論的支柱であった山川は、再建運動から離れている。再建に反対している者の理論を戴くことに矛盾を感じていた面々は、「福本イズム」を援軍のように歓迎したのである。

とはいえ、「福本イズム」が完全に理解されたうえで信奉されたのかというと、そうでもないようだ。並外れた知識量に加え、文章が難解なことが福本の特徴である。能力に差がありすぎると、会話すら成立しないことはままあるが、インテリも労働者も「よくわからんが凄いらしい」といった程度の認識だった模様だ。「政治改革」騒ぎの際、中身を知らずに賛成を叫ぶ保守政治家がわんさかいたのに通ずる話である。

ともあれ、一躍有名人となった福本は、山口高商教授を辞して再建ビューローに加わった。つい先日まで無名だった男はさらに発言権を増し、ビューロー内外を「福本イズム」が支配した。

「我々は、かくかくのことをしなければならないし、また、するであろう」

福本が演説の結びに発するこの決め台詞も、党員間で流行したそうだ。

コミンテルンは「分離・結合」を唱える「福本イズム」に批判的だった。「分離」とは、左派の分裂を招いてしまうからだ。コミンテルンから派遣されたヤンソンも、「闖入《ちんにゅう》者《しゃ》」が急速に伸していく様を苦々しく見ていたが、この指導係もまた福本の知識に太刀打ちできず、手を拱《こまね》いているだけだったという。

スター、福本和夫を叩け

大正十五年十二月、五色温泉で共産党再建大会が開かれた。その方針は「福本イズム」そのもので、大会宣言も福本が執筆した。原案を見たヤンソンは書き換えを命じたが、日本側はこれを拒否。戦前の共産党がコミンテルンに反抗したのはこの時期だけだったという。

「大会」といっても、現在の如くおおっぴらに開催できる御時世ではない。そのため「会社の忘年会」を装い、共産党を「ウチの会社」などと取り決めて会話した。必死に見えるが楽しそうでもある。

この再建大会で、佐野文夫《さのふみお》の委員長をはじめとする新体制が決まった。焦点の福本は中央委員・政治部長に就任。名実ともに再建共産党の柱となったのである。

新指導部はヤンソンを訪れ、大会での決定を報告した。指導係がやはり批判的態度を示すと、委員長の佐野は「満場一致で可決されたもので、コミンテルンもこれを承認するだろう」と抗弁。のみならず、ヤンソンとの連絡を絶つ旨通告した。指導係でも「資金源」でもある男と絶縁するとは、「福本イズム」に酔う共産党幹部の自信のほどがよくわかる。

しかし当時の共産党は、あくまで「コミンテルン日本支部日本共産党」である。コミンテルンの承認を得なければ、真に再建したことにはならない。それゆえヤンソンを切った新指導部は、「再建」を本部へ直接報告することにした。そこで主要幹部が総出でモスクワへ出発したのである。

だが本家本元は、「福本イズム」による再建をそのまま認める気などなかった。政治団体の通弊として、内紛と路線転換を繰り返していたコミンテルンから見て、「福本イズム」は過去に信奉された理論に則ったもので、その時点では否定されるべき謬説《びゅうせつ》だった。

加えて日本共産党が、ヤンソンの指令を無視したことも、コミンテルンの逆鱗に触れていた。共産党組織が金科玉条とするのは「民主集中制」である。「上の言うことは黙って従え」ということだ。コミンテルン出の指導係を軽んじるとは断じて許されない暴挙だったのである。

コミンテルンは福本らが到着する前から手を打っていた。日本からの留学生や結党報告の先発部隊を反福本でまとめていたのだ。

モスクワに着いた福本らは、不穏な空気を察知した。コミンテルンは「反福本イズム」であることを知った。とはいえ桁外れの学識を持つ福本だ。お歴々の前であろうとひるまず持論を開陳し、「誤解」を解くこともありうるのではないか――日本側にはそう期待する向きもあった。

が、「日本のマルクス」とまで崇められていた理論家は、あっさり屈服した。コミンテルン側に所信を述べようともしなかった。進んで自説の誤りを認めてしまったのである。

福本の態度に一同は唖然とし、怒った。ご当人はのちに

「あそこで抵抗したら、僕は命を落とさなきゃならない」

と語っているが、「無節操」は何も福本の専売特許ではない。

現実政治の中で「理論」とは、所詮二の次程度のもので、目先の立場や損得勘定、好き嫌いが上に来る。

例えば今、「民共共闘」を批判している自民党も、いざとなったら手の平を返し、共産党

と組もうとするだろう。で、「ダイナミックな政治」「右とか左とか、そういう時代じゃない」などと取り繕うだろう。批判の声など時間と共に消えていくから怖くも何ともない。現に地方選では「自共共闘」の例もあるし、それまで表向きは批判していた社会党や公明党とも連立を組んでいる。「民共共闘」を仕掛けた一人は自民党出身の小沢一郎だ。左右を問わず、たやすく変節するのが政治家の性《さが》である。

福本に同行していた徳田球一もまた豹変した。徳田は先の一斉検挙で入獄していたが、再建大会後に出獄し、佐野文夫に代わって委員長に就任。福本を「日本のレーニン」などと持ち上げていた。

ところがコミンテルンが「反福本イズム」だと知るや、態度が一変。

「福本の誤りは日本にいるときから知っていた。わざと支持するようなポーズをとって、福本をここまで連れてきたのだ」

と言って「日本のレーニン」の胸倉をつかんだのだ。変節もここまでくると見事である。だが、その場の党員たちにしてみれば、こんなリーダーはたまったものではない。徳田は一同の怒りを買い、委員長辞任に追い込まれた。その強欲さと誇大報告で、コミンテルンも徳田には眉をひそめていたという。

福本らの屈服後、コミンテルンによって新指導部がつくられた。渡辺政之輔《わたなべまさのすけ》や鍋山貞親《なべやまさだちか》ら、労働者を中心とした新体制が発足した。コミンテルンは「福本イズム」になびいたインテリ層を嫌ったのである。

また、本家・ソ連は日本支部に対し、議会の解散や君主制廃止を促す公式の指令「二七年テーゼ」を押し付けた。「山川イズム」も「福本イズム」も否定する内容であった。日本側に反対する余地は無かった。

昭和二年十二月、帰国した新指導部らは日本に残留していた幹部を集めて新方針の報告会を開いた。少しばかりの感想が述べられただけで、新方針は全会一致で承認された。モスクワ出発前、あれほど党内を席巻していた「福本イズム」は、もはや跡形もなく消えてしまった。報告会の後、常任委員会を開催し、佐野学委員長ら新人事が決定。そこにも福本の名前は無かった。

当時、体制側では政権が交代。金融恐慌の混乱の果てに、憲政会の若槻礼次郎内閣が退陣し、政友会の田中義一が首相となっていた。他方、反体制側でも「福本イズム」から「二七年テーゼ」へと、〝政権交代〟が起きていたのである。

日本共産党を読み解く14人のキーマン

①

福本和夫

明治二十七年～昭和五十八年

「共産党の頭脳」の悲劇

東京朝日新聞　昭和4年11月6日付

共産党はインテリ層を支持基盤にしていた。学者らのカンパが党財政を助けた時期さえあったのは、本文にも書いた通りである。

党員にもインテリが多かった。労働者と並び、知識人層が党員供給源だった。彼らは難解な理論書を読みこなす。中には学者や官僚になれそうな者もいる。伊藤律《いとうりつ》、不破・上田兄弟、志位和夫……このあたりは保守政党の知性派と比べても、決して引けをとらないだろう。

そうしたインテリ党員の極め付きが、福本和夫である。

鳥取県生まれの福本は、東大法学部卒業後、内務省に採用され島根県庁に勤務。半年後に松江高校教授となるが、そのときの教え子に竹下登の母親がいた。酒造業を営んでいた竹下の実家では、『大衆』なる日本酒をつくっていたが、これは福本の影響で母が名付けたという話もある。また、福本の長男・邦雄は政界フィクサーとして知られたが、竹下とは特に近い関係だった。福本家と竹下家、親子二代の不思議な因縁である。

さて、福本は、その後文部省在外研究員として英独仏に留学。この間「いたるところで鵜の目鷹の目あさり求めた古本新本がつもりつもって数万冊にのぼった」(『革命回想』)。この蔵書を基に身につけた巨大な知識が、やがて旋風を巻き起こすのである。

帰国した福本は山口高商教授に就任。このとき雑誌『マルクス主義』に論文を持ち込んだ。それまで日本で紹介されなかった文献を多々引用した衒学的《げんがくてき》な論文に、編集部は驚嘆。これ以後福本は立て続けに論文を発表し、既存のマルクス主義思想家をなで斬りにしていく。しかも、大量の本を読み込んで論じる無名の新人に、有名理論家たちは誰一人かなわなかった。

福本は瞬く間に日本の左派論壇の寵児となり、解党していた共産党の再建ビューローに加わった。直後に再建した共産党は、「福本イズム」を指導理論に据え、福本自身も中央委員・政治部長に就任。「日本のマルクス」「日本のレーニン」と仰がれた福本は、一教師から寵児を経て、たちどころに党幹部へと〝昇格〟したのである。

が、「福本イズム」はコミンテルンから批判され、福本は影響力を失った。出世も失脚も速かったのだ。三・一五事件後には検挙され、十四年間獄中で過ごした。

戦後、党活動に復帰し、「五十年分裂」の際は「統一協議会」を形成。だが往年の影響力は無く、のちに除名され文化や歴史、フクロウの研究に没頭した。現場経験などより読書の方が断然知識を得られると、福本は実証して見せた。が、知識と実践とはまた違うということも、この知識人の歩みは示している。

第二章

暴力革命と特高

三・一五と四・一六、共産党一斉検挙

コミンテルンの強い影響下で再スタートした共産党は、公然活動にも力を入れることを決定した。非合法と合法とを結び付け、大衆の前に姿を現そうというのである。

昭和三年二月には、かの有名な機関紙『赤旗』も創刊した。戦前は「アカハタ」でなく「セッキ」と読んだ。非合法ではあったが、常任委員が原稿を書き、約千五百部を刷った。この怪しげな地下新聞が、行く末有名女優や保守政治家まで登場する〝大新聞〟になろうとは――編者も読者も警察も、誰一人思っていなかったに違いない。「無駄な努力」をしつこく続け、時に成果を出してしまう強さと怖さが共産党にはあるのだ。

ときに赤旗が創刊された昭和三年二月とは、初の普通選挙が実施された時期でもある。大正十四年、加藤高明内閣において、二十五歳以上の男子に選挙権、三十歳以上の男子に被選

挙権を与える普通選挙法が成立。有権者は一挙に約四倍も増えることになった。これとほぼ同時期に、「国体の変革」「私有財産否認」を目的とする結社を禁じた治安維持法も成立している。そして昭和三年一月に、田中義一《たなかぎいち》内閣は衆議院を解散し、翌月第一回普通選挙が行われた。

コミンテルンは日本の普選実施を党員拡大のチャンスだと見た。共産党員に立候補を命じ、資金を渡した。戦術も授けた。が、共産党は非合法組織である。そのため合法政党からの立候補を選択した。

当時、無産政党は、大きく三派に分かれていた。右派の社会民衆党、中間派の日本労農党、左派の労働農民党である。

安部磯雄を中心とした社民党は、戦後、初の社会党首班となる片山哲《かたやまてつ》、民社党委員長となる西尾末広らが名を連ねた。後年の社会党右派につながる系譜である。総同盟が支援していた。

日労党の中心人物は麻生久《あそうひさし》で、のちに社会党委員長を務める浅沼稲次郎《あさぬまいねじろう》や河上丈太郎《かわかみじょうたろう》などがメンバーだった。総同盟の反主流派が推しており、思想的には右派が多い。

労農党の委員長は、元早大教授の大山郁夫《おおやまいくお》である。が、内部を牛耳るのは共産党で、支持労組もその影響下にある評議会だった。

この労農党の候補者として、共産党員は出馬した。労農党が立てた四十人の候補のうち、徳田球一など十一人が共産党員だった。選挙違反等で検挙された場合は、死をもって秘密を守る取り決めがあったという。

もとより共産党員は、党勢拡大のために出馬したため、当選を期してという選挙戦ではない。

「議会を破壊するために出動した」

「内面より破壊するためにブルジョア議会に参加する」

といった調子で、当選度外視の危なっかしい主張を展開した。議席どころか党員獲得も難しそうなやり口だ。

選挙の結果、無産政党全体では五十万近い票を出し、八名が当選。労農党も二名の当選者を出した。けれども共産党系候補者は、計四万票以上を獲得したものの、十一名全員が落選した。それでも「宣伝効果」はあった模様で、選挙期間中に百五十人も新規入党したとの証言まである。

だが共産党は非合法組織であるうえに、「暴力革命」を扇動するコミンテルンの支部である。そんな危険な集団が、公然と姿を現して、当局が見逃すはずがない。まして、時の内務大臣は、元司法官僚の鈴木《すずき》喜三郎《きさぶろう》である。鈴木は鳩山一郎の義兄だが、義弟やその孫と違って甘くは無い。普選で露骨な選挙干渉をやり、「腕の喜三郎」と呼ばれたほどだ。この凄腕が、今度は危険分子の制圧に乗り出したのである。準備は秘密裏に、かつ着実に進められていった。

そして、選挙翌月の三月十五日——全国一道三府二十七県で、共産党一斉検挙が断行された。逮捕者は千五百名を超え、百数十か所で家宅捜索が行われた。容疑は治安維持法違反である。

大掛かりな逮捕劇ではあったが、一網打尽にされたわけではなかった。渡辺政之輔や鍋山貞親ら、何名もの幹部が検挙を免れていた。渡辺らはただちに党の立て直しを図り、残された党員に向け声明を出した。

また、佐野学も逮捕を逃れていた。佐野は一斉検挙の日、コミンテルンとの連絡のため上海へ向かっており、当局の網をかいくぐっていたのである。

佐野は周恩来の世話でしばらく上海に滞在し、その後モスクワへ渡ってコミンテルンの大会へ出席した。この大会には日本からも山本懸蔵《やまもとけんぞう》らが参加。大会後、党再建のため共産主義の教育機関クートベの留学生が続々と帰国させられている。

党勢回復を進める共産党であったが、政府・当局も追及の手を緩めなかった。三・一五以降、共産党系労組の評議会を解散させ、続いて治安維持法を改正。死刑・無期刑を追加した。さらには全府県の警察に特別高等課（特高警察）を設置した。

田中首相からの警察網拡張命令に小躍りした「腕の喜三郎」は、部下が総額二百万の拡張計画案を出すと、次の如く明言。

「こんなことでは、まだまだ共産党の撲滅はできん」で、横棒を一つ加えて三百万にしたという。これには「さすが」との声があがったそうだ。治安維持法も特高警察も、今では悪評ぷんぷんである。しかし、ただでさえ外国の支配下にある団体が、「君主制廃止」「議会を破壊する」などと謳っていた以上、相応の対策をとるのは当然だ。拷問等の行き過ぎがあったのは事実だが、法整備や捜査体制とは分けて考える必要がある。

ともかく、態勢を強化した当局は検挙を続けた。残党が次々と逮捕された。それでも一部幹部は生き延びた。彼らは各地を転々とし、粘り強く活動を続けた。捕まるとすぐに陥落するが、捕まるまでは誠にしぶとい。それが共産党員だった。

しかも、悲壮感漂っての逃避行ではなかった。残存幹部は逃げながら、何と数十回も芸者遊びに興じているのである。豪遊資金の出所は――もちろんコミンテルンだ。上海へ渡ってコミンテルンから資金を受領した渡辺が、帰国途中で臨検の際、警官を射殺したうえ自殺するという惨劇も起きている。

渡辺死後は市川正一《いちかわしょういち》が中心となって党再建に着手。評議会に代わる新たな共産党系労組として、日本労働組合全国協議会（全協）を結成する。しかし昭和四年四月十六日、一道三府二十四県に及ぶ一斉検挙が行われ、約七百人が逮捕。その後上海で佐野学もお縄となり、主要幹部が全て塀の中に落ちるのである。

なぜ武装共産党をめざしたのか

主だった幹部が逮捕された共産党は、若手が組織の再建にあたった。その牽引役となったのが、東大生だった田中清玄《たなかきよはる》と佐野学の甥・佐野博《さのひろし》である。いずれも二十代前半であった。

田中は以前検挙された際、党員であることを否認し続け、ついには警察署の三階から飛び降りて逃げた豪の者である。しかも、警察の門を出たとき脱走とは知らぬ看守に出会うも、以下の如く騙して金までせしめたほど知恵も回る。

「私は、いま、釈放になりました」

「これから共産党員に間違われるようなことをするんじゃないよ。親御さんが心配するからね」

「はい、ご心配かけました。ついては母親のところへ帰るのですが、電車賃がないのです」

「あとで返してくれればいいよ」

脱走者は五十銭を手にしたが、当局も意外に緩かったことが窺えるエピソードである。

さて、田中、佐野らは再建に向け中央ビューロー会議を開催。田中が委員長に選出され、発行が途絶えていた赤旗の再発行などが決まった。

また、この会議では、「テク」と呼ばれる技術部も新設されている。これは非合法活動担

当部門で、指導部の防衛、組織間の通信・連絡、恒常的資金網の形成、武器の収集・保管といった役割を担った。田中によれば、

「敵対要人の暗殺もその任務の重要な部分」

だったという。

これでは政府・当局が身構えるのもやむを得ないだろう。単なる個人の見解ではなく、組織の任務として「武器の収集・保管」や「要人暗殺」を掲げる団体を、そのまま放置したら逆に怠慢のそしりを免れない。事が起きてからでは取り返しのつかない場合だってあるのだ。物騒な「再建」を進めていく共産党であったが、コミンテルンの了承がなければ正式な再建とはならない。若き指導部は本部と連絡をとろうとしたが、なかなか上手くいかなかった。何しろ当局の監視がきつい。捕まった党員がすぐに自供をしていたことで、ソ連大使館も日本共産党を信用しなくなっていた。

おかげで新指導部は財政難に陥った。コミンテルンの資金で成り立っていた党が、俄かに経済的自立を強いられたのだ。その結果、食うに困って猫まで食べたというほど貧したのである。

金欠に悩む共産党の頼みの綱はカンパであった。特に文化人の献金は党を助けた。有名人では若手評論家だった大宅壮一《おおやそういち》、プロレタリア作家の小林多喜二《こばやしたきじ》、林房雄などが寄付していた。学生のカンパもまた多く、インテリ層の援助が困窮した党財政を支えていたのである。

近年その傾向が変わってきつつあるものの、共産党はインテリ層の受けが良い。かつての「進歩的文化人」、一流作家、医者……共産党幹部にも高学歴者が並んだ。世間一般ではごく僅かに過ぎない共産党支持者が、インテリ層に限っていえば、少なくない数を占めていたのだ。

共産党がインテリや学生に受ける理由を、除名された元党員で共産主義研究家の兵本達吉《ひょうもとたつきち》が端的に説明している。

いわく、

「日本の大学生、とりわけマルクス主義を信奉する学生は、日本の社会の全体的なあり方に批判的であった。この自分たちが生きた時代の社会・時代を「資本主義」としてとらえ、この現状を覆そうとした。そして、この現状を分析し、転覆の方法を教えるものとして、マルクス主義にまさるもの、それに取って代わるものはなかった」（『日本共産党の戦後秘史』）

重ねていわく、

「我が国には、残念ながら、カントもヘーゲルもいなかったし、アダム・スミスもケネーもリカードもいなかった。さらには、ロバート・オーエンもサン・シモンも、フーリエもいなかった。ところが、マルクス主義を勉強すると、これらの人たちの学説が全て入っていて、哲学も、歴史学も、経済学も、社会学も皆ワンセットで学ぶことができたのである。マルクス主義は、全体として社会科学そのものとして受けとめられた。我が国の勉強の好きな大学

生が、とくに革命を目指していたわけではないのにマルクス主義に引きつけられた最大の理由は、まさにここにある」(同)

京大出身の兵本が語る、マルクス主義の〝引力〟である。

真面目で勤勉な層を掴みながらも少数派であり続け、転向者も続出した共産党。そこにこの組織と思想の限界を感じるが、地道にポスティングを行う点など、今も真面目さ勤勉さは見受けられる。何しろ他党ときたら、「ビラをコンビニのゴミ箱に捨てた」「二枚重ね(場合によっては三枚!)でポストに入れた」などという話が掃いて捨てるほどあるのだから。比較的――あくまで「比較的」であろうが――その種の怠慢が少ない面は、共産党の美点であり強みであろう。

ともあれインテリ層の浄財で、急場を凌いでいた共産党だが、コミンテルンとの縁を復活させたのもインテリであった。文化団体がらみでソ連大使館に出入りしていた蔵原惟人《くらはらこれひと》の線で、コミンテルンと連絡をつけたのである。

本部の傘下に戻った共産党は、中央ビューロー会議で軍事委員会を設置、コミンテルンから武器を入手した。無論、密輸である。田中によれば、拳銃百丁、機関銃十丁といった具合で、六甲山にて射撃訓練も行ったという。この時代の共産党が、〝武装共産党〟といわれる所以である。

しかも〝武装共産党〟は、陸海軍内に党組織をつくることも画策した。その狙いは武装蜂起や内乱だ。換言すれば「暴力革命」や「クーデター」である。

「打ち合わせは休憩時間」

「文書を残すな」

等々細かい方針が決められた。

さらには「行動隊」がつくられた。その編成指令には、「警察官その他妨害するものは殺傷せよ」「武装衝突の実際的訓練をせよ」等の危険な文句が並んでいる。

外国の強い影響下にある団体が、「君主制廃止」を標榜し、非合法担当の「テク」をつくり、武器を集め、内乱を企図し、警官殺傷指令を出す……公平に見て、共産党にも「弾圧」されるだけの理由はあっただろう。

特高や治安維持法ばかり断罪するのは片手落ちである。

事実、共産党が官憲に対して起こした傷害事件は、昭和五年だけでも二十件を数え、死亡者まで出た。全治一か月以上の重傷者も十名以上にのぼった。

同年五月のメーデーでは、竹槍を持った党員が乱入し、多数の逮捕者を出している。

他方、この昭和五年には、浜口雄幸首相が右翼に狙撃される事件が発生。二年後には血盟団事件、犬養毅首相が暗殺される五・一五事件も起きた。

そのため「戦前のテロ」といえば、「右翼の仕業」という印象が強いが、共産党のテロもなかなか凄いものだったのである。

〝武装共産党〟による暴力的破壊活動には、内部からも批判の声があがった。メーデー後、田中らは自己批判して組織の立て直しを図ったが、指導部が相次いで検挙され、またしても党中央が壊滅することになった。

②

明治三十九年〜平成五年

田中清玄

左翼の大物から右翼の大物へ大転身

筆者は田中清玄のサイン本を持っている。もしかしたら偽物かもしれないが――所蔵の『世界を行動する』『統治者の条件』という田中著の二冊には、黒マジックの太い字で、「田中清玄」の署名がある。日付はいずれも「一九八六・三・二八」である。

田中の字は実に豪快だ。ページ目一杯に文字が躍る、というより跳ねている感じである。紙の外まで出てしまいそうな勢いだ。

「筆跡に性格が表れる」などと言う気は毛頭ない。一点、一場面で全てがわかるはずはない。が、このサインだけで判断しろといわれれば――田中は豪気で荒々しい気性の持ち主だと答える。実際、この〝武装共産党リーダー〟のやることは、荒っぽいことが多かった。

田中は北海道生まれだが、祖先は会津藩の家老である。家柄に強い誇りを持ち、作家の司馬遼太郎を「彼は薩長代表のようなもん」と避けていた。

高校時代にマルクス主義への関心を抱き、東大では学生運動団体の新人会に入会。同時期に理研所長・大河内《おおこうち》正敏《まさとし》の長男も在籍しており、大河内邸で寝泊まりしたこともあるという。大河内は田中角栄を引き上げた人物として知られるが、田中清玄の方もお世話になっていたのである。大宅壮一も新人会のメンバーで、のちに大宅文庫ができるとき、田中は資金を提供している。

東大入学から半年も経ずして共産党へ入党し、東京委員会に所属した。その後三・一五事件、四・一六事件が立て続けに起こり、党組織は壊滅。主要幹部が全て捕らえられたため、弱冠二十三歳の田中が佐野博と共に再建へと着手した。「田中指導部」の方針は党の武装化である。「テク」、続いて「軍事委員会」を設立し、拳銃や機関銃を密輸。山中での射撃訓練も実施した。「暴力革命」を志したのかもしれないが、〝お坊ちゃんの道楽〟に見えなくもない。革命は実は二の次で、武器を集めて地下活動をすること自体に、大きな「やりがい」を感じていたのではないか。のちに田中は武装化の実態を率直に回顧しているが、その口ぶりはどこか得意げである。革命はオマケで、主目的は地下で暴れることだったのではと思えるのだ。

田中は検挙後、母親の自害などをきっかけに、獄中で転向。やがて「右翼」へ旋回する。だが同じ右派の児玉誉士夫《こだまよしお》とは対立し、児玉配下のヤクザに狙撃される羽目に合う。腹など三発も撃たれたが、持ち前の強靭さで翌年には海外へ行くほど回復している。

六〇年安保では全学連に資金を与え、一方では山口組の田岡一雄《たおかかずお》組長とも気脈を通じた。こうした変幻自在な振る舞いからは、「革命」「右翼」といった思想より、好奇心や冒険心が感じられるのである。

スパイMと銀行ギャング事件

一体何度目の出直しだろうか、〝武装共産党〟滅亡後の党再建を担ったのは、モスクワ帰りの二人の男だった。

その一人、風間丈吉《かざまじょうきち》は、再建ビューロー時代に共産主義教育機関クートベへ送り込まれた留学生である。その渡航はいかにも急だった模様だ。

ある日、突然、風間は仲間から切り出される。

「旅行してくれないか」

「どこへ？」

「少し遠いんだ」

「ロシアか？」

「うん、まあ、そうだ」

ということで、徳田球一の家へ連れて行かれた。

徳田は風間と対面するや、いきなり言った。

「明晩出発だから今夜はここに泊まれ」

で、翌日、本当にソ連へ渡ってそのまま留学したのである。

風間はモスクワで、ガニマタ気味に歩く男と親しくなった。その男も無論日本人だが、ヒヨドロフと名乗っていた。クートベ留学生は近しくなっても、本名や経歴を話すことはあまり無い。急に消えることも珍しくない。帰国時も、本人だけに通告され、周囲に口外するなと命ぜられるのである。ヒヨドロフも、風間の前から不意に姿をくらませた。

昭和五年十二月に帰国した風間は、壊滅した党と連絡をとるのに苦労していた。何とかして党関係者と接触を持つと、その後、「上の人」と会う次第になった。

田中、佐野らが逮捕されたのちの「上の人」――それはクートベ時代の相棒だった、あのガニマタ気味に歩く男であった。

「松村昇」または「M」という名に変わっていたヒヨドロフは、風間に党再建の指揮者となるよう持ち掛けた。

「残っているのは俺一人だ」

「君にやってもらうよりほかない」

「上には誰もいないのだからどうしようもない」

――と。風間は不安を感じながらも「旧友」の提案を受け入れた。

だが、このとき松村は、当局のスパイと化していたのである。その背後には、凄腕の警視庁特高課長・毛利基《もうりもとい》が居た。〝非常時共産党〟といわれるこの時代の共産党は、松村を中心に活動していく。つまり、特高とスパイの手で動かされていくのである。

昭和六年一月、風間・松村らは中央ビューローを結成。風間が委員長となり、松村は組織を担当した。「組織」の中には例の「テク」も含まれる。すなわち武器やアジトといった非合法部門が、スパイの手に委ねられることになったのだ。

しかしながら、松村は単なるスパイではなかった。知り得た情報を全て当局に伝えていたわけではなく、取捨選択して伝えていた。しかも、オルガナイザーとしての能力に長け、共産党組織を伸ばしもした。全く端倪《たんげい》すべからざる人物だったのである。

風間、松村によって再建されたビューローは、「党の大衆化」路線を進め、まず赤旗を再刊した。そして躍進させた。

それまでの謄写版を活版印刷に変え、三色刷り、四色刷りにする。挿絵を入れる。胡散臭げなアングラ紙が、多少なりとも見られる姿に垢抜けて、部数は以前の約十倍、七千部程度にまで達したのである。ちなみに印刷の担当は「テク」だった。スパイが「責任者」となって機関紙を伸ばしたのである。

ときに「再建」となれば、コミンテルンとの連絡が不可欠だ。これもまた、松村の役目であった。ビューローから使者が派遣され、活動費千五百円と、以下の指令を受け取ってきた。風間を上海のコミンテルン極東部へ派遣することと、党内にスパイ対策機関を設置することなどである。

風間は早速上海へ渡り、コミンテルンのヌーランなる男と面会。ここでも活動費千五百円を与えられ、「スパイは発見次第消すこと」等々の命令を受けた。度重なるスパイへの警戒

――大げさにいえば、世界を舞台に狐と狸の化かし合いが繰り広げられていたのである。

またその際、「別の使者を上海へ送ること」も言い渡され、風間の帰国後指示通り、三船《みふね》留吉《とめきち》という男が派遣された。しかしこの三船も当局のスパイであったのだ。魑魅魍魎《ちみもうりょう》が跋扈《ばっこ》するのは何も保守政党に限ったことではなく、共産党もまた同じなのである。「死」、あるいは「逮捕」「除名」の可能性が保守政党より格段に高い分、共産党の方がより厳しい環境にあるのかもしれない。しかも三船の出発後、上海でヌーランが検挙され、コミンテルンとの連絡が途絶えてしまうことになる。

本部とは離れ離れになってしまったが、昭和六年八月、ビューローは「正式に」中央委員会を発足。委員長は風間で、松村も中央委員に選出された。コミンテルンの資金援助が途切れたこの新体制を支えたのは、シンパ層による浄財である。

「大衆化路線」を進めたことで、共産党シンパは広がりを見せていた。労組の全協をはじめとする党に近い団体や、赤旗読者、文化人など数万に及んでいたという。中でも党財政を潤わせたのは、共産党の「良き伝統」たる文化人のカンパであった。

当時、インテリ層は羽振りがよかった。大学教授、医者、大卒者たちの収入は、現在以上に高かったとされる。税体系も高所得者に有利な制度だったため、売れる本を書く作家も左うちわの生活だった。先に〝武装共産党〟を支えたインテリたちが、今回もまた献金によって党を助けていたのである。

その典型的な例が、『貧乏物語』で知られる河上肇である。この著名なマルクス経済学者は、著書の印税で数万円の金を手にしていた。加えて論文の原稿料もあった。

大物シンパの河上は、これらの稼ぎを求められるままに党へ貢いだ。

「死んでも秘密を漏らすようなことはないから……」

などと頼まれ、当初は月百円程度を献上。しかし要求額は次第に増え、臨時寄付と謳った千円、二千円のカンパも重なってきた。「コイツは出す」と睨んだら、とことんしゃぶりつこうとしてくるのは右も左も変わらないのだ。

それでも河上は出し続け、ついには入党して一万五千円もの献金をする。累計では二万数千円、現在でいえば一億円近いカンパを行ったのである。

こうした浄財を中心とした資金づくりによって、一時は月二万、三万円の金が党へ入るようになった。捜査対象にある非合法政党への献金など、新興宗教への帰依と同じく傍から見れば狂気の沙汰だ。が、真面目で勉強好きなインテリたちは、危険を知りつつ率先して「狂気」を演じていたのだ。地下組織に過ぎなかった共産党の、意外な人気と強さが窺える。

しかし、当局も甘くない。このしたたかな党の急所であるシンパ層に照準を定め、進撃してきた。昭和七年三月から、プロレタリア文化連盟（コップ）を手始めに、シンパ層への攻勢が始まった。〝武装共産党〟時代にコミンテルンとの縁を復活させた文芸評論家・蔵原惟人、宮本顕治と結婚したばかりの作家・中条百合子《ちゅうじょうゆりこ》らが捕まった。シンパ層への追及は収まらず、大スポンサーだった河上肇も逮捕されることになる。

資金網を崩されたことで、共産党は首が回らなくなってきた。収入激減にもかかわらず、支出は増大していたのである。「大衆化路線」を進めていたため、宣伝費その他で出費が拡大していたのだ。昭和七年二月の総選挙では、獄中から佐野学、鍋山貞親らを立候補させ、続く四月からは赤旗の活版印刷化が始まった。これらに莫大な費用を要したのである。

また同年五月には、コミンテルンが「三二年テーゼ」を発表した。その中身は「天皇制の革命的転覆」を共産党の任務とする過激なもので、「天皇制打倒」をこれまで以上に強調していた。元党員で評論家の谷沢永一《たにざわえいいち》によれば、戦後の「進歩的文化人」らはこのテーゼを〝聖典〟にしていたという。「三二年テーゼ」は七月に赤旗で公表されたが、この新方針を徹底させるため、新たに党大会ないし全国規模の大会を開くことが決定した。そのための資金も集めなければならなかった。

さらには武器の調達費用もあった。拳銃や機関銃を、

「革命の成功を戦いとるため」

「敵の弾圧から身を守るため」

と称して大量に購入した。そんなこんなで「大衆戦術」から「非合法活動」に至るまで、湯水の如く金を使っていたのである。

ドル箱が次々とブタ箱へ入っていく一方で、次々と出ていく活動費。かくなるうえは、手

段を選んでなどいられない。追い詰められた共産党は、非常手段、すなわち犯罪による金集めに尽力するのである。

「テク」から派生した「家屋資金局」を先頭に、強盗、詐欺、恐喝など犯罪手段による金集めがなされた。特に用いられた方法は、「拐帯《かいたい》」、つまり持ち逃げである。

シンパの中には金持ちの子弟もいる。彼ら彼女らをそそのかし、家にある現金や銀行預金、株券などを持ち出させるのだ。これは誠に実入りがよく、昭和七年三月から十月までの間だけで、実に九万円以上が拐帯された。現在の貨幣価値に換算すれば、およそ数億円に匹敵する金額である。

犯罪によって楽に稼ぐことを覚えてしまうと、地道にシンパを回ることなど馬鹿らしくなってくる。

党内では

「シンパから二円、三円と集めるのでは足りない。もっと大々的に資金をつくらねば活動できない」

「何かインチキな仕事をして大々的に金を集めよう」

「そういう仕事はより英雄的だ」

などという会話が飛び交った。

この頃党の中枢にいたのはスパイM・松村である。非合法活動もまたMの傘下に置かれていた。だが、松村の扇動はあったにせよ、スパイでない党員たちも進んで犯罪に手を染めていたのだ。正義感、冒険心、出来心……様々な動機があったのだろうが、犯罪を辞さない空気が党を覆っていたのである。そして、「英雄的」な金集めに酔う共産党は、ついには銀行強盗まで起こしてしまうのだ。

昭和七年五月、松村の肝煎りで「戦闘的技術団」が結成された。これは犯罪手段に特化した金集め部門で、恐喝や美人局《つつもたせ》を繰り返した挙句、銀行襲撃を計画。不動銀行をターゲットに定めたが、メンバー選定で揉めたり当日のすっぽかしがあったりで未遂が続いた。

「真面目で勤勉」な実行部隊は焦った。Mは

「どうしても金がいる。他の非常手段も考えてともかくやってくれ。何としてもつくってくれ」

と急かしてくる。金が無いと武器を買えない。武器が無いと革命もできない。任務に忠実な〝強盗〟たちは、面子の一人が出入りしていた川崎第百銀行大森支店へ標的を変えた。

そして昭和七年十月六日——数名の赤色ギャングが二発の銃弾をぶっ放し、第百銀行から約三万円（いまでいえば一億円以上）の強奪を成し遂げるのである。

事件後、関係者は相次いで検挙され、岡山にある中国銀行の襲撃計画も発覚した。逮捕者の自供と松村の情報で、組織の実態が暴かれていった。「大衆化路線」で急伸した〝非常時共産党〟も、終焉の日が迫ってきたのである。

昭和七年十月末、共産党は熱海での大会を企画した。「三二年テーゼ」に基づく新方針が議題で、段取りは松村が受け持った。当局は一斉検挙を狙い、万全の態勢を敷いてその時を待っていた。

が、会議は中止された。松村が不意に

「会合の場所が気になる」

と言い出したことで、五色温泉以来七年ぶりの大会は流れたのだ。

Mの不可解な「変心」により、一網打尽とはならなかったものの、会場近くにいた幹部は逮捕され、未参加の幹部も続々と捕まった。風間も松村と共に検挙され、〝非常時共産党〟指導部は壊滅した。スパイMこと松村は、これ以降、忽然と行方をくらますのである。

③ スパイM

神童と呼ばれた男の3つの顔

明治三十五年〜昭和四十年

スパイMこと飯塚盈延《いいづかみつのぶ》は、明治三十五年に愛媛県で生まれた。没落士族で苦しい生活を強いられていたが、学業の方は「神童」といわれたほどよくできた。高等小学校中退後、一時期新聞社の給仕をしていたが、そこでも「生き字引」との異名を授かる。記者が読めない字を聞きに来るほど漢字を知っていたからだ。環境が許せば、エリートコースに乗れた資質の持ち主だったのかもしれない。

Mは二十歳過ぎの頃、労働運動に身を投じた。このとき「峰原」との偽名を名乗っている。といっても、まだこの時期はスパイではない。ただ、運動の過程で拘置されたことがあり、特高警察では「峰原」の素性を把握していた。

熱心に活動していた「峰原」は、やがてクートベに留学する。ここでは「ヒヨドロフ」と称した。同時期に袴田里見《はかまださとみ》もクートベに来ており、次のような会話も交わされている。

M「日本には共産党があるんでしょうか？」

袴田「……ある」

M「あるんですか、はあ。どんな人が指導者ですか」

袴田「そういうことは聞くことでも、言うことでもないんだ」

猜疑心《さいぎしん》の権化のような袴田は、これで早速「ヒヨドロフ」を疑っている。実際、まだスパイではなかったが、共産主義への不信が芽生えていたようだ。ソ連共産党の内紛と、クートベの権威主義とが不信の始まりだったと解説される。

Mはソ連で党員ないし党員候補となり帰国した。当時の〝武装共産党〟に加わるも、すぐに逮捕。ここで特高のスパイになったとされる。時あたかも〝武装共産党〟が壊滅し、〝非常時共産党〟が発足。「ヒヨドロフ」は「松村」を名乗り、新指導部の一員としてスパイ活動を開始するのである。

頭文字から「Mさん」と呼ばれた松村は、党の組織を担当した。そのためMは党のほぼ全てを知ることができ、方針を決めることもできた。そして、このスパイは共産党を躍進させるのである。

躍進を許した当局の意図は不明だが、危険分子を炙り出そうとしたのかもしれない。Mが頭にいる以上、暴走は抑えられる。ならばこの際散在している左翼思想の持ち主を、共産党に集めて把握しておこうと考えたのかもしれない。顕在より潜在の方が危ないからだ。

だが共産党は暴走し、銀行強盗を起こす。直後の会議で特高は一斉検挙を図るが、Mは中止を決定し、一網打尽とはならなかった。役目が終われば捨てられると、元神童は知っていたのだろう。

その後Mは逮捕され、「報奨金」を渡され保釈された。兄の勤務先で働くなどして余生を過ごしたという。

相次ぐ転向とリンチ事件

「熱海事件」の後、逮捕を免れた一部幹部が臨時中央指導部を結成した。だがこの指導部は、一か月も経たずに一斉検挙となり、あえなく崩壊してしまう。その後は中央委員候補の大《おお》泉《いずみ》兼蔵《けんぞう》や野呂《のろ》栄太郎《えいたろう》が指導的地位となって再建に踏み出した。しかしこの大泉もまたスパイだったのである。派閥順送り人事さながらに、スパイが順繰りで中枢に座ったということだ。ただ、大泉、野呂らは暫定的な指導部で、中央委員会ができたわけではない。

そこへクートベ留学生の山本正美《やまもとまさみ》が帰国してくる。昭和七年末に祖国へ戻ったこの留学生は、くだんの「三二年テーゼ」作成に関与した理論家だった。帰国時も、コミンテルンから同テーゼの普及と実践の使命を帯びていた。

昭和八年に入り、山本を委員長とする中央委員会が発足。中央委員には野呂栄太郎らが選出されたが、大泉兼蔵も委員となった。しかもその後、先述の三船留吉も中央委員に加わっている。つまり山本新指導部は、はじめからスパイが張り込んだ状態でスタートしたのである。

ところで三船は指導部入りの少し前、作家の小林多喜二を特高に売り渡している。党員作家は三船と待ち合わせの際に逮捕され、拷問の果てに死亡した。この件で特高は今も拭えぬ汚名を着せられた一方、小林の主著『蟹工船』は世紀をまたいだロングセラーとなっている。

特高にとって様々な意味で取り返しのつかない虐殺だったのである。

密偵を交えた指導部は、前回と違い長続きしなかった。発足から半年も経たぬ昭和八年五月、委員長の山本をはじめとする幹部が立て続けに検挙されたのである。手引きしたのは三船であった。

山本の場合、小林と等しく三船との約束の場所で急襲され、捕まった。そのため山本は三船に売られたと察知して、留置所の中から三船がスパイだとのレポを送った。これで三船は党を除名となるのだが、山本のレポはチリ紙に歯茎の血で書かれた凄まじいものであったという。次々とスパイを繰り出してくる当局も凄いが、一部共産党員の根性も特筆すべきものがあったのだ。

さて、ここで当時の「党外」の情勢を見てみると――この昭和八年は、斎藤《さいとう》実《まこと》内閣の下、日本が国際連盟からの脱退を通告した年である。二年前に勃発した満州事変以来、波風が立ち始めていた国際関係は、これでさらに悪化した。

三年後には二・二六事件、その翌年には支那事変、さらにその翌年には国家総動員法の成立……国内外の雲行きは、次第に怪しくなっていくのである。

しかし共産党の情勢は、悪化の一途を辿るどころではなかった。急速に消滅へと向かっていくのだ。昭和八年が、その分岐点であった。

山本正美の逮捕後、委員長は野呂栄太郎が就任。新たな中央委員として宮本顕治、小畑《おばた》達《たつ》夫《お》らが選ばれた。だがこの新指導部は、出帆早々激震に見舞われるのである。しかも矢は外からでなく、内側から放たれてきた。

新体制へと飛んできた「矢」の中身とは——昭和八年六月、獄中にあった佐野学、鍋山貞親が、転向声明を出したのである。

「共同被告同志に告ぐる書」と題されたその声明は、コミンテルンを批判し、「天皇制打倒」を批判し、労働者から遊離した党を批判していた。十節からなる強烈な内容だった。

当時、共産党界隈で、佐野は理論家の代表、鍋山は労働者の代表と見られていた。よりによってその両巨頭が転向するとは、共産党にとって一斉検挙より痛かったかもしれない。仲間の裏切りほど人を逆上させるものは無いのだ。

「スパイ的裏切者」

「天皇制権力の走狗」

衝撃を受けた共産党は、両者に罵倒の限りを尽くし、除名した。しかし、最も恐れていた事態は止められなかった。両者に追随した転向者が続出したのである。

転向声明から二か月も経たない七月末には、未決囚の三〇％、既決囚の三六％が転向した。河上肇を筆頭に、文化人にも転向者が続いた。党を支えていたシンパ層が崩れていったのだ。

さらには風間丈吉、田中清玄、佐野博も転向した。つまり歴代代表者がほとんど転向してしまった。この時期獄中にいた大物で、非転向は徳田球一、志賀義雄《しがよしお》、福本和夫らごく一部でしかなくなっていた。まさしく雪崩現象が起きたのである。

転向声明の出た昭和八年六月には、共産党系労組の全協もガタガタになっていた。二月以来関係者の検挙が続き、執行部が逐次逮捕されていた。転向騒ぎの頃は残党一名といった状況だった。

また、この六月に、赤旗の地下製版所が手入れを受けた。赤旗担当の党員たちも逮捕され、十月には関係箇所が一斉検挙されてしまった。その後十二月十一日付の発行で、活版の赤旗は終了することになる。

党本体の瓦解も尋常ではなかった。十一月末には委員長の野呂が逮捕された。病身だった野呂は獄中で体調を悪化させ、翌年亡くなってしまうのだが、党の命も風前の灯であった。

野呂の検挙後、指導部は宮本顕治、大泉兼蔵、小畑達夫らの中央委員、袴田里見らの同候補によって構成された。だが転向の波と相次ぐ逮捕、スパイの影で、党内には疑心暗鬼が蔓延。党規律の粛正のためと称して統制委員会が設けられた。

当時の共産党は非合法組織である。そうした組織の性格上、そもそも党員の猜疑心は人並み以上であっただろう。〝非常時共産党〟時代には、コミンテルンから「スパイは発見次第消すこと」とのお触れも出ている。松村や三船などが「活躍」してはいたものの、内部では以前からスパイ対策に重点を置いていた。

統制委員会設置後は、そのやり方が苛烈になった。拳銃を突き付けて脅したり、縄で縛ったりするようになった。行きつくところが「リンチ事件」である。

昭和八年十二月、宮本、袴田らが集まって、大泉、小畑を査問にかけようとの相談がなされた。両名はスパイだというのである。事実、大泉はスパイであった。

査問の提案者は袴田だった。このクートベ帰りの男は極めて猜疑心が強かった。党活動において、少しでもいい加減な態度を見せると、たちまちその人間を疑うのだ。真面目といえば真面目なのかもしれないが、これでは保守政党の関係者などはスパイだらけになってしまう。共産党だからこそ幹部になれた人物かもしれない。

ともかく袴田は大泉、小畑と接触するうち、二人はスパイではないかと疑念を抱いた。やがて疑念は確信へと変わった。

大泉は、シンパの女子学生に次の如き指導をしており、袴田の猜疑心に火をつけた。

「君たちは、処女であることにこだわりを持っているから金を作れないんだ。処女にこだわるのは、君たちがプチ・ブルである何よりもの証拠だ。なんならこのオレが、君たちをふっきらしてやろうか」

小畑の方は、特高らしき男を前にして、逃げるような素振りを見せた。それで袴田の疑念は決定的なものになった。

小畑や袴田らが会合に行く途中のことだ。会場近くに妙な男が立っていた。袴田が〈特高じゃないかな〉と思った瞬間、小畑は言った。

「オレ、ちょっと床屋に寄ってヒゲを当たっていくから先に行ってくれ」

「冗談ではない。みんなが先に行って、われわれを待っているではないか」

袴田は止めたが、小畑は周章狼狽していたという。「スパイではない」との説が濃厚な小畑だが、袴田の目には密偵としか映らなくなっていたらしい。

〝スパイ狩りの猟犬〟は、その嗅覚にピンと来た大泉と小畑をスパイと断定。宮本らも袴田に同調し、両者を査問にかけることが決定したのである。

小畑と大泉は順次アジトに呼び出された。先に着いた小畑に対し、袴田はこう宣言した。

「今日は君をスパイ容疑で査問する。最初に断っておくが、大声を出したり暴れたりしないように。そういうことをしたら、どんなことになるか、君もわかるだろう」

「……ああ、暴れたりしないよ」

袴田らは小畑の両手両足を針金で縛り、米粒で耳をふさいだ。なおかつ猿ぐつわをして押し入れに閉じ込めた。続いて到着した大泉にも同様の処置をして、査問が始まった。

査問は宮本が先頭に立って行われた。しかし、両者とも自分がスパイだとは認めなかった。実際、小畑はスパイでない可能性が極めて高い。スパイでないなら認めようもない。

だが猜疑心に凝り固まった宮本らは、殴る蹴るの暴行を加え、自白を強要した。小林多喜二もこうした拷問の果てに絶命したのだろう。少なくとも、査問という名の拷問に加わった面々は、特高の拷問を非難する資格は無い。

拳銃や斧による威嚇もなされ、大泉はついに
「命だけは助けてくれ」

と、自供する。しかも、

「小畑もスパイ」

だと〝暴露〟した。

「この野郎、でたらめを言うな、俺はスパイではない！」

小畑は激怒し否定したが、査問の矢がより一層飛んできた。

小畑は硫酸をかけられた。火鉢の火も押し付けられた。特高よりむごそうだ。それでも「スパイ」は首を縦に振らなかった。

そのうち小畑が逃走の気配を見せた。査問者たちは小畑にとりつき、押さえつけた。すると背中に乗った宮本が全体重をかけ、小畑の右腕をねじ上げた。それは尋常のねじり方ではなかった。やがて
「ウォー！」

という断末魔の叫び声が響いた。……小畑は息絶えたのである。

遺体はアジトの床下に埋められた。大泉の方はこの翌日、隙を見て脱走に成功し、一命をとりとめた。

昼夜を徹して行われた査問は、スパイが助かり「スパイでない者」が殺される結果に終

わったのである。

宮本は直後に逮捕され、袴田ら数名の中央委員が党運営を担った。しかしその後も幹部の検挙は続き、中央委員会メンバーは袴田一人となった。そして昭和十年三月、袴田が捕まって、共産党中央は名実共に消滅した。これ以後戦後まで、中央委員会は再建されず、日本共産党の組織的な活動は停止するのである。

共産党指導部の消滅後、昭和十二年に支那事変が勃発。同十三年には国家総動員法が成立し、日本は「戦時体制」へと向かった。国民も企業も縛られ始め、物資の配給もスタートする。危険思想と無縁なのに、治安維持法で捕まった人も出た。

他方、昭和十六年に「ゾルゲ事件」が発生。近衛文麿内閣周辺に、ソ連のスパイがいたことが発覚した。共産党幹部は獄中であったが、当局の共産主義に対する警戒が、杞憂でなかったと証明されたのである。

そして昭和十六年十二月に大東亜戦争が開戦し、四年近い戦闘の末、同二十年八月に終戦を迎えた。網走刑務所にいた宮本顕治は、看守が防空壕を指差し「二十世紀の遺物」と言ったのを聞き、戦争の終結を知ったのだという。

なお、共産党は「戦争に唯一反対した党」と称している。だが大東亜戦争は昭和十六年開戦で、「日中戦争」とも呼ばれる支那事変も、同十二年からである。戦時に党中央の実体が無かった以上、党として反対したかのような表現には疑問を抱かざるを得ない。

日本共産党を読み解く14人のキーマン

④

鍋山貞親

明治三十四年～昭和五十四年

転向して反共となった代表的人物

共産党を離れた人間は、「非共」でなく「反共」になるケースがしばしばある。単に離れるだけでは収まらず、攻撃したくなるような体質が、共産党にはあるのだろうか。そうした「転向して反共になった人物」の代表ともいえる存在が、鍋山貞親である。

九州に生まれ大阪で育った鍋山は、小学二年で父親を亡くし、数え年九歳で町工場の住み込み職工となった。

その後幾つかの職を経て、友愛会・総同盟に加入。労働運動へ入ると共に、荒畑寒村主宰のＬＬ会で社会主義を学んだ。

のちの民社党委員長・西尾末広とは総同盟でもＬＬ会でも同僚だった。共産党には創立準備段階から参加し、結党後にあらためて入党。はじめ総同盟のフラクション活動に取り組み、総同盟分裂後は共産党系労組・評議会の幹部となった。児童の頃から「労働者」であった鍋山は、労働部門の雄として、党になくてはならない存在になったのである。

この代表的労働者党員は、その頃脚光を浴びた「福本イズム」に対しては、一貫して批判的だった。理論重視の思想もだが、人間的にも福本を嫌っていた。ケチで滅多に人に御馳走しない福本が、鳥屋で鍋山に奢ったことがあるそうだが、両雄の距離は一向に縮まらなかった模様だ。

福本失脚後は佐野学委員長の下で中央委員に就任。ナンバーツー、あるいはスリーの存在となる。共産党伝統の〝浪費癖〟も身につけたようで、三・一五事件後の逃亡中は、約三十回も待合で遊び呆けている。

四・一六事件で検挙され——赤坂の待合で捕まった——、無期懲役の判決を受けたが、昭和八年に転向。佐野学と連名で出した声明は、党内外に衝撃を与え、転向の嵐を巻き起こした。声明から二か月も経たないうちに、思想犯の三割以上が転向したのは本文で触れた通りである。控訴審で懲役十五年の判決を受け、昭和十五年に刑期二年半を残して恩赦により出所した。

戦後になって「世界民主研究所」を設立し、「売文業者」と称して反共活動を開始。旧知の西尾末広らと組み社会党右派や総同盟右派の背後で暗躍した。二・一ゼネストではGHQから相談を受け、「マッカーサー元帥自身の中止命令」を進言。鍋山のおかげか知らないが、共産党主導のストは中止となった。総評の左傾化に対抗してつくられた全労会議・同盟も、鍋山の影響を少なからず受けている。

一方では右翼の三浦義一《みうらぎいち》や矢次一夫《やつぎかずお》と接触を保ち、保守政界や財界ともつながりを持っていた。

鍋山の葬儀には田中角栄や笹川良一まで出席し、往時の幅広い交友ぶりを偲ばせたものである。

第三章　愛される共産党

戦後再建、徳田球一、宮本顕治の闘い

昭和二十年八月十五日、「戦後」が始まった。ＧＨＱが日本を占領し、様々な「改革」を指令した。戦中の指導者たちを放逐する公職追放も始まった。

一方で、塀の中の「政治犯」が釈放された。獄中の日本共産党幹部らが、娑婆に出てきたのである。

昭和二十年十月十日——この日を境に、「獄中の闘士」たちが続々と姿を現した。府中刑務所からは「獄中十八年」の徳田球一、志賀義雄ら、宮城刑務所からは袴田里見ら、網走刑務所からは宮本顕治が出獄。宮本は一日早い九日、袴田は九日遅れの十九日だった。その他の刑務所に居た幹部も釈放された。

ときに十月十日といえば、終戦から約二か月が経った頃である。志賀は徳田との共著『獄

中十八年』の中で、終戦を告げる玉音放送をラジオで聞いたと書いている。

ガーガー言うばかりでよく聴き取れなかったが、

「忍び難きを忍び」

の箇所は聞こえたそうだ。つまり終戦を、その当日から知っていたのだ。だが、そこで「闘士」たちのとった行動は、「役人に釈放を要求する」というものだった。二か月間、しつこく迫っていただけだったのだ。

戦争に負けたということは、国の体制が変わる可能性もある一大事だ。革命のまたとない機会でもあろう。その一大好機を前に、塀を乗り越えることもせず、扉を突き破ることもせず、ただただ口頭での要求に終始したのだ。徳田に至っては、

「マッカーサー元帥の指令にもかかわらず、政府はわれわれの解放をサボり、監獄当局も（中略）しらをきろうとしていた」（『獄中十八年』）

などと愚痴をこぼす始末である。

要は「受け身」だったのだ。本当に革命家であり闘士なら、その是非はともかく力ずくで外に出ようとするのではないか。

ところが徳田らは、体を張ることはせず、言論で抗議するだけだった。しかも、政府が解放を怠けたと不満げである。

けれども、そういう「ろくでもない」政府だからこそ、革命を起こして倒そうとしていた

のではないのか。それともすんなり解放するような、「きちんとした」政府だと思っていたのか。だとしたら、革命など志さなくとも良いではないか。

日本に革命が起きずに済んだ理由は、国民の良識と、政府・当局の徹底した対策が挙げられよう。のみならず、「絶好のチャンス」を前に身命を賭そうとしなかった、「革命家」たちの「本気度」の低さもあったのではないか。非合法で出発し、手段も非合法なものを採り続けた団体が、いざというとき「合法的手段」を採ったのだ。この後共産党は「暴力革命」に乗り出すが、幸いにして時すでに遅くなっていたと考えられるのである。

さて、獄中から出てきた「猛者」たちは、早速党の再建に取り組んだ。

まず、「人民に訴ふ」なる声明を発表した。新時代の幕開けに表明された、記念すべき第一声の内容は――。

「連合国軍隊の日本進駐によって日本における民主々義革命の端緒が開かれたことに対して我々は深甚の感謝の意を表する」

などと米軍への〝謝辞〟が冒頭に述べられ、

「米英及連合諸国の平和政策に対しては我々は積極的に之を支持する」

と続く、米軍への〝忠誠声明〟だった。やっと三つ目に、「天皇制打倒」との党是が出てくる。のちに「アメリカ帝国主義批判」を展開する政党とは思えない中身である。

「人民に訴ふ」は十月二十日に復刊した赤旗に掲載されたが、徳田はこれを獄中で書き上げていたという。命をかけた革命など、全く考えていなかったとわかる。

ただ、この種の「準備」をしていたことも、徳田ら「府中組」が再建共産党の主導権を握るのに一役買った。

徳田は出獄の際、府中刑務所の付属施設「自立会」を〝占拠〟していた。そこが再建共産党の臨時本部となり、他の刑務所から出てきた者も「自立会」へと集結したのである。

十一月八日に第一回全国協議会が開かれ、十二月一日には十九年ぶりとなる党大会が開催された。席上、党員数は千名を超えたと発表され、党中央の人事も決まった。

書記長に徳田球一、中央委員に徳田、志賀義雄、金天海《きんてんかい》、袴田里見、神山茂夫《かみやましげお》、宮本顕治、黒《くろ》木《き》重徳《じゅうとく》を選出。このうち徳田、志賀、黒木は府中刑務所上がりだった。「府中組」が再建をリードしたのである。

そのことに強い不満を抱く者がいた。網走刑務所から出てきた宮本顕治である。宮本の理屈は次のようなものだった。

自分と袴田は戦前最後の中央委員会のメンバーである。その両者が獄中で転向せずに残ったのだ。だから中央委員会は戦前のまま存続していると見るべきだ。その存続している中央委員会を母体に党中央を構成すべきだ――。

これはこれで筋の通った理屈である。全員が検挙され、十年も活動しなかった中央委員会が生きているとは無理がある。だが、再建の際、消滅時の体制を暫定的に復活させるという考え方は成り立つだろう。

しかし宮本はこの当時、後年のような「独裁者」ではなかった。小物ではないが、大物というほどではない。十四歳も年長で、党でも先輩の徳田に逆らう力はなかった。鬱屈した思いを秘めた宮本は、袴田に

「戦前の党中央委員は、君と僕の二人だけしかいないからね」

と何度も念を押していたという。

また、徳田と宮本は、リンチ事件をめぐっても諍《いさか》いが起きている。徳田があの査問を非難したのだ。

「不測の事態が起こりうるわけだから、あんな査問などやるべきではなかった。第一、あの二人がスパイだったかどうかもわからんし、たとえスパイだったとしても、連絡を断てばそれで済むことではないか。ああいう形の査問は、よくない。実にけしからんよ」

これには宮本ではなく、ウルサ型の袴田が反論した。

「けしからんというが、たまたま結果があぁなっただけのことであって、査問をやったこと自体は間違っていなかった。彼らがスパイだった証拠は、いくつもある。連絡を断ったくらいで済むことではなく、一定期間監禁しておかないと、同志の中に被害者が出ることは避けられない。事情も知らないで何を言うか」

やかまし屋同士、掴み合わんばかりの言い合いになったそうだが、どう見ても徳田に軍配

が上がるだろう。〝連絡を断ったくらいで済むことではなかった〟としても、「一定期間監禁」してよいはずがない。暴行を加えてよいはずもない。自分勝手で欠点の多かった徳田だが、一面ではこうした「常識」を持ち合わせていた模様だ。

亡命16年、野坂参三帰国

党大会を終え、翌昭和二十一年一月には、「亡命十六年」の野坂参三《のさかさんぞう》が帰国してきた。野坂は三・一五事件で検挙されたが、やがて眼病で保釈され、その後国外に脱出し各地で「反戦運動」に勤しんでいた。ところが実はソ連のスパイ――ソ連以外との関係も取り沙汰されている――で、同志を密告して死に追いやっていたのだ。その行動は今も謎の残る男だが、ソフトイメージに加え演説も上手く、人気はなかなかのものだった。

野坂はまず共産党中央委員会との「共同声明」を発した。その中身は

「天皇制廃止と皇室の存続を区別する」

「民主主義的統一戦線を結成する」

といったものだが、「共同声明」とはどこか腑に落ちない。「共同」ということは、野坂は共産党員では無かったのだろうか。なぜ中央委員会との連名なのだろうか。一党員だが中央委員と同格との意味なのか。発表直前、野坂と徳田が長時間の密談をしたという説もあるが、

声明以外の件でも何か話し合われたのだろうか。何とも不思議な声明だが、最新の党史『日本共産党の八十年』ではこの件に触れていない。

ともあれ、この胡散臭い男は受けをとる術を知っていた。流行語となった「愛される共産党」を提唱し、大衆に訴えた。一月下旬に開催された野坂歓迎大会でも、

「共産党はこれまで宣伝団体であったが、今は政治を動かす政党だ。そのためには人民に愛される党にならなければならない。共産党と聞いて人民が逃げ出すような印象を与えてはならない」

と力説した。また、野坂はこの会で、

「各党の上でも下でも共同して行動をとること」

とも述べ、統一戦線への意気込みも見せた。

野坂を先頭にした共産党の統一戦線論に、呼応する動きも出た。応じたのは社会党左派の理論的指導者・山川均だった。この元共産党員は、「民主人民戦線」を提唱し、単一無産政党の設立を目論んでいると見られた。そのため共産党との共闘を渋る社会党右派と対立していた。

統一戦線への動きは進行し、昭和二十一年三月には、共産党系からリベラリストまで揃った「民主人民世話人会」を開催。「暫定共同綱領」もつくられた。だがこの動きは急速にしぼんでしまうことになる。

四月に行われた戦後初の総選挙において、共産党が社会党批判を強めたのである。さらには社会党の主流であった、右派の根強い反対もあった。

元々深刻な左右対立を抱えていた社会党の内紛は、統一戦線の動きを経てさらに激化することになる。共産党と組むか組まないか、何やらかまびすしい今日の民進党の姿を見ているようである。

統一戦線が進んでいた二月、共産党は第五回党大会を開催している。

ここで、

「革命を、平和的に、かつ民主主義的方法によって完成することを当面の基本目標とする」との宣言が出された。いわゆる「平和革命宣言」である。また徳田の一般報告の中で、党員数が七千名近くに達していると発表された。つい先日の第四回党大会時に千人強だった党員が、三か月も経たずに六倍以上となったのだ。「野坂人気」のほどが窺いしれよう。

面白いのは徳田が同報告の中で、

「もっとも嫌うべきことは、大衆を釣ってチンドンヤ式に闘争をする。（中略）こういうことをやりますれば、かならず堕落する。こういうことをわれわれは慎まなければならない」

と述べている点だ。これ、まさに現在の共産党がやっていることではないか。「戦争法」や「特定秘密保護法」に対しては、リズムに合わせて反対を唱える群衆がいた。その〝チンドンヤ式闘争〟に、共産党も加わっていたのではないか。

現在の党は徳田に批判的な立場を採っている。だから徳田の大昔の指摘など、歯牙にもかけないかもしれない。大先輩の予言通り堕落してしまうのか、あるいはそれを覆すのか――その答えは共産党の今後の行き方の中にある。

党大会ののち四月には、衆院選が実施された。共産党は五議席を得た。徳田、野坂、志賀も当選。

前年までは地下組織だった政党が、名実ともに国民の前に現れたのである。

選挙後六月には百条からなる憲法草案を発表し、「議会政党」らしいところも見せている。ちなみに草案四十七条にて、選挙権を十八歳とする旨明記している。

これは七十年後に実現したわけだが、「日本人民共和国」を謳う憲法草案と同じことをして大丈夫なのだろうか。一抹の不安を感じなくもない。

国民の認知度が高まるにつれ、院外での行動も盛んになった。五月一日、十一年ぶりに行われたメーデーでは、各会場に赤旗が林立。

五十万人が集まった東京では、来賓の徳田が「天皇制打倒」と絶叫し、登壇者の中でもひときわ大きな喝采を浴びた。

続く十九日には食糧メーデーが実施され、二十五万人が皇居前に集結した。これも先頭に居たのは徳田ら共産党だった。

このとき共産党のリーダーは、皇居を指さし

「俺たちは飢えている。彼はどうだ」

などと叫んだが、徳田に言う資格は無いだろう。国会議員は高額な歳費を貰っている。党の金もある。おまけにこの時期共産党は、ソ連からの援助もあったという。そもそも本当に飢えて苦しい者は、こんな集会に参加する余裕など無い。なお徳田らは、その後勢い余って天皇に面会を要求し、あっさり断られている。

ともかく、議会では少数派の脇役にすぎないが、院外では主役を張っていた。選挙の得票はたいした数でないものの、動員となれば大政党の向こうを張る。……現在と状況が似ているかもしれない。

日本共産党を読み解く14人のキーマン

⑤

明治二十七年～昭和二十八年

徳田球一

戦後再建のリーダー、北京へ亡命し客死

沖縄生まれの徳田球一は、「琉球人」意識が強かった。共産主義者になった理由も、「琉球差別」と貧困にあえぐ環境の中、中江兆民や幸徳秋水の著書を読んだことがきっかけだという。「球一」の由来も、「琉球一」となることを願って付けられたものだ。

「貧困」の方は眉唾物だと見る向きもある。事実、徳田は中学を卒業後、東京での予備校生活を経て鹿児島の七高に入学している。上京して浪人生活を送るとは、比較的恵まれた環境にあった証左である。山林を持った自作農だった田中角栄が、

「貧乏な百姓のセガレ」を自称していたのと同じで、「誇張」なのだろう。

徳田は七高を中退し、代用教員や郡役所の書記を務めたのち日大へ入学。だが授業にはほとんど出ず、働きながら独学を続け、二十七歳で弁護士となった。

弁護士時代の徳田について、共に共産党創立に参加した社会運動家・荒畑寒村が、あるエピソードを記している。徳田と荒畑が初対面のときの話だ。

株屋の顧問弁護士をしていた徳田が、藪から棒に切り出した。

「あなたは大阪で労働運動をやっていて、始終、運動資金に困っているという話ですが、その金を出そうじゃありませんか」

徳田は出す条件として、鐘紡でストライキを起こせと提案。意外に思った荒畑は、徳田に質問した。

「……何のために？」

「鐘紡でストライキが起これば、株の変動が起こるから、私の方はそれで儲けるのです。どうです、一つギブアンドテークでいこうじゃありませんか」

荒畑はこれで徳田に不信感を抱いたが、この顧問弁護士はあちこちで同様の話を持ち掛けていたという。「徳球」の愛称で親しまれ、共産党には稀な大衆的人気の持ち主だった徳田だが、一方でこうした「狡さ」があった。コミンテルンの金をめぐってトラブルが生じたのも本文で触れた通りである。

共産党には結成時から加わり、三・一五事件の直前に逮捕。そのまま終戦まで十八年を塀の中で過ごした。飯の量が少ないといって抗議するなど獄中でもウルサ型ぶりを発揮している。

出獄後、戦後再建のリーダーとなり、「家父長的指導体制」を確立。公私混同の党運営は問題とされたが、他方、衆院選で三十五議席を獲得し、党勢の拡大に貢献した。

だがその後、コミンフォルム批判を受け武装闘争を推進し、党史に取り返しのつかない傷跡を残してしまう。下部党員に火炎瓶を投げさせた張本人は北京へ亡命してしまい、そのまま現地で客死した。

共産党躍進の理由を解く

ＧＨＱがそれを奨励したこともあり、戦後、あまたの労働組合が結成された。終戦直後、千名程度だった労組員は、翌年には四百万人以上へ急増。組合数は一万を優に超え、労働争議も頻発した。

そうした流れの中、昭和二十一年八月に、二つのナショナルセンターができた。付言すれば、財界人の集まりである経団連も、この八月に誕生している。

まず、日本労働組合総同盟（総同盟）が創立された。これは戦前の総同盟の後身のような団体で、右派から左派の一部まで含まれていた。組合員は約八十五万で、会長には右派の松《まつ》岡《おか》駒《こま》吉《きち》を選出。松岡は社会党代議士でもあり、日本国憲法下における初代衆議院議長である。総同盟は人脈からして社会党に近かった。

総同盟結成から二週間と少し経った頃、全日本産業別労働組合会議（産別会議）が設立された。こちらは共産党の影響下にある団体だった。組合員は総同盟の倍近い約百六十三万を擁し、議長には聴《きく》涛《なみ》克《かつ》己《み》が就任。聴涛も三年後、共産党から衆議院議員に当選している。

ときに終戦後からこの時期にかけて、労働運動の現場で新たな闘争戦術が登場している。共産党が打ち出した、「生産管理闘争」である。

「生産管理」とはもっともらしい名称だ。が、その実態は――工場占拠やサボタージュによって職場の秩序を崩壊させ、共産党が主導権を握っていこうとするものだ。

例えば「生産管理闘争」のやり方の一つに、「オシャカ闘争」なる戦術がある。読んで字の如く、機械のネジをゆるめたりして、製品にオシャカを出すのである。商品に欠陥が出てしまうと、管理者が責任を問われることになる。首をすげかえられる場合もある。そうして組織を混乱させ、共産党一派が人事に介入していくという悪質な手法だ。

この「生産管理闘争」に関しては、考案者が誰なのか論争があるそうだ。徳田、志賀らが獄中で考え出したという説と、現場の労働者が実践的に編み出したとする説だ。双方とも元祖を主張し譲らなかったようだが、こんな手口で労働者の支持が得られると思っていたのか。

きちんと仕事をしたうえで、それに見合う対価を求める。これが労使の健全な姿だろう。しかし、「生産管理闘争」に、職務を全うしようとする発想は無い。職場を革命の「最前線」とみなす発想しか無い。

職場は「生産手段」であると同時に「生活手段」だ。欠陥商品を乱発した会社が倒産し、社員が路頭に迷ったら元も子もない。職場を荒らして革命ゴッコに熱中していた共産党は、真に労働者のことを考えていたのだろうか。

労働者の生活も後先も考えず、イデオロギー的政治闘争に血道を上げる――共産党が労働運動を一本化できなかった理由が、「生産管理闘争」に象徴されている気がする。

とはいえこの頃共産党は、産別会議という大組織を率い、労働運動の先頭に立っていた。

「八月闘争」、「十月攻勢」といわれる大闘争を展開し、飛ぶ鳥を落とす勢いだった。潮目が変わるのは昭和二十二年二月である。

昭和二十一年末より官公労を主とするゼネラルストライキ計画が進行し、「全官公庁共闘」が結成された。この動きを下支えしたのが産別会議であり、共産党である。全官公庁共闘の議長となった伊井弥四郎《いいやしろう》も共産党員だ。

総同盟主流は産別会議・共産党との共闘に消極的だった。何しろ産別会議と共産党は、ゼネストの目標を「政権奪取」に置いていた。事実、産別会議は「終局の目的は人民政府の樹立にある」という声明を出している。時の吉田茂政権に代わる内閣として、社会党左派の松本治一郎《まつもとじいちろう》首相、徳田内相、野坂外相といった組閣案までつくられたと噂される。

こうした政治色丸出しの動きに対し、総同盟主流は警戒感を強めていた。「内閣打倒は良いが、ゼネストによる政権奪取は筋違いだ」ということだ。しかし、高野実《たかのみのる》ら総同盟左派はスト計画に前向きで、産別会議との連携を推進。昭和二十二年二月一日、数百万規模のゼネスト実施が決定したのである。

二月一日が近づくにつれ、革命気運は高まった。のちの六〇年安保のとき以上だったと見る向きもあるほどだ。一月二十二日にGHQ幹部がスト中止を勧告してきたが、共産党は一蹴した。

「〝解放軍〟の長たるマッカーサーは味方だ。だから部下が何を言おうと大丈夫だ」——こんな調子で、実に楽観的だったのだ。

高揚する徳田らは、「文化革命」と称し社交ダンスの奨励まで開始。共産党は堅すぎるとしてダンスパーティーを開いた。

宮本顕治はそれを苦々しく眺め、

「退廃的な既成のダンスをプロレタリア的なものにしなければならない」

などと主張。率先して踊っていた徳田は
「社交ダンスに階級性など無い。プロレタリア的な社交ダンスがあるなら宮本自身が踊って見せろ」

と、怒っていたそうだ。「チンドンヤ式闘争」を否定した徳田だが、社会ダンスなら良いのだろうか。ともあれ一月三十日までは、革命前夜の如き雰囲気が漂っていた。

マッカーサー、共産党を見放す

ところが、一月三十一日――。

マッカーサーはゼネスト中止命令を出した。占領軍は〝解放軍〟ではなかったのだ。

全官公庁共闘議長の伊井は涙ながらにスト中止を宣言し、

「一歩後退、二歩前進」

との台詞を残した。その一方、徳田は

「労働者階級の本当の敵が誰かはっきりわかった」

と述べている。〝解放軍〟どころか〝敵〟だったわけだが、徳田らが一方的に米軍を過大評価していたとは思えない。そういう幻想を抱かせる、様々なものがあったのだろう。この当時の共産党が、ソ連やアメリカと複雑な関係を持っていたことは興味深い。

さて、二・一ゼネスト中止後の四月、衆議院選挙が行われた。この選挙を境に新憲法が施行され、「帝国議会」が「国会」へと衣替えしたのである。

選挙の結果、共産党は一名減らして四議席であったが、社会党は百四十三名を当選させて第一党へ躍進。社会党首班内閣の可能性が高まった。

すると、それまで共産党を含む統一戦線を模索し、二・一ゼネストも支持していた社会党左派が、俄かに

「共産党とは一線を画する」

との絶縁声明を出した。ありていに言えば、政権の座を前にして、閣僚ポストを期待したのである。

ここで、思い出してほしい。コミンテルンの「険悪ムード」を察知するや、途端に変節した福本和夫、徳田球一の醜態を。あるいは現在、「国柄が変わる」とまで言って反対していた政策に、平然と賛成する「保守」政治家を。左右を問わず、党を問わず、政治家の思想や

信念など総じてこの程度のものなのだ。どれだけ親しかろうと輝いて見えようと、過剰な期待は禁物である。

話を戻す。左派の豹変以外にも、幾多の紆余曲折を経たものの、右派の片山哲を首班とする社会党内閣が誕生した。民主党、国民協同党を加えた三党連立政権である。残念なことに、胸を膨らませていた左派の入閣者はゼロだった。「猟官運動」の甲斐は無かったのだ。片山内閣は当初から内に不満をかかえながらの出帆であった。

ところで、社会党が組閣に右往左往している頃、共産党はある戦術をとっていた。

社会党への潜入工作である。

共産党が好むやり方の一つに「フラクション」がある。組織の中に党員を送り込み、内部の主導権確保や勢力拡大を図るという方法だ。通常は労組や大衆団体、役所に対してなされるが、政党に対してもやっていたのである。

これを主導したのは伊藤律であった。伊藤は前年第五回党大会で中央委員となり、続いて政治局員、書記局員にも選出。徳田の右腕として急速に伸していた。

書記長の徳田は「徳球」と親しまれる一方、粗暴で勝手な面があった。その党運営は「家父長的指導体制」と呼ばれ、好き嫌いや個人的な関係で人事や方針が決められた。次第に徳田を核とした、少数幹部の支配が確立していった。

一高中退の秀才で、事務能力に長け如才ない伊藤は、「家父長的指導体制」の中心にいた。

スポークスマンとして対外的な顔でもあった。戦後しばらくは「府中組」が牛耳り、野坂帰国後は徳田、野坂、志賀の三頭政治で動いていた党は、ここにきて徳田―伊藤ラインが統べるようになっていたのである。

伊藤の手で放たれた間者は社会党に入り込み、左派グループの幹部となった。昭和二十三年三月、その左派の造反がきっかけとなって片山内閣は倒壊するのである。

共産党の社会党への工作は、陰に陽になお続いた。片山後継の芦田均内閣発足と前後して、「民主民族戦線」を呼び掛けた。現在「国民連合政府」構想を唱える共産党だが、先の「民主主義的統一戦線」、そしてこの「民主民族戦線」と、終戦直後から「野党統一」をしきりに訴えていたのである。

「統一」への工作はさらに進展し、同年十月に芦田内閣が崩壊すると、「社共合同」なる運動まで始まった。これも仕掛け人は伊藤律である。

当時、社会党は国民の不信を招いていた。片山内閣の無策ぶりに加え、幹部の西尾末広が疑獄で逮捕されたからだ。

ぐらつく社会党に潜り込み、そのうち下部組織を乗っ取ってしまう――これが伊藤の思惑であった。与党時代のマイナスイメージを払拭できぬ民進党へ、再三に渡って共闘を持ち掛ける共産党。そうした現状と似ていなくもない。

伊藤の揺さぶりは奏功し、いくつかの地域で社会党員の共産党入党が実現した。幹部の入党や一挙千五百人の入党もあった。しかしこの運動は、やがて社会党の共産党に対する決定的反発と共に消滅し、「統一戦線」の道を潰えさせる結果となってしまう。信なくば立たず。昨今の「民共共闘」の行く末は、果たしてどうなるのであろうか。

院外と水面下で活躍していた共産党だが、院内でも活躍する日が来た。昭和二十四年一月、衆院選で一躍三十五議席を獲得したのである。特に東京、神奈川、京都、大阪といった都市部で進出した。得票数も三百万に迫るほどだった。

他方、社会党は百四十三議席から四十八議席へ激減。片山、芦田両内閣での失態に加え、「社共合同」による足腰の揺らぎも大きかったであろう。

戦後四年を経ずして議会に一定の勢力を持つに至った共産党。

けれども、それは束の間の夢だった。夢というのはじきに覚める。覚めさせたのは、海外からの強烈な一撃だった。

⑥ 伊藤律

大正二年〜平成元年

スパイの濡れ衣を着せられ表舞台から消えた大物

日本共産党史はスパイ史という一面を持つ。殊に非合法組織だった戦前は、創立以来密偵が入り込み、内部をガタガタにさせていったのは本文で見た通りだ。〝有名人〟ではスパイM、野坂参三らが挙げられるが、つい先年までは、伊藤律こそが最も名の通った「スパイ」であった。

伊藤は大正二年、岐阜県に生まれた。幼少より神童の誉れ高く、四年修了で中学を卒業し、一高へ進学。入学当初より社会主義に関心を抱き、読書会を主宰した。周囲は皆この秀才に一目置いており、「マルクス主義の本は一度読んだら忘れない」

との伝説まで残っている。

二年時に共産青年同盟へ加入し、実践活動を開始。だが直後に放校処分を受けてしまう。その後正式に共産党へ入党し、検挙と出所を繰り返すが、その過程で「ゾルゲ事件」の端緒となった供述をしたとされ、「伊藤律スパイ説」が浮上。この説は長らく常識のようになっていた。

しかし近年、元党員の渡部富哉らの調査によって、「スパイ説」は崩壊。スパイという論旨で書かれた著作にも、注釈が入れられるようになった。スパイでない伊藤がスパイ呼ばわりされ、本物のスパイであった野坂が数十年も生き延びる……怖い組織である。

戦後、共産党に復帰した伊藤は、徳田球一の右腕として瞬く間に党の中枢を占拠。「会議に参加して発言しつつ、一方ではアカハタの主張を書き、最後に討論をまとめて結語を述べた」という抜群の能力で、「ムショ上がり」の多い党内を仕切っていった。徳田と伊藤の関係は、宮本顕治と不破哲三のようだったともいわれる。

だが、伊藤には敵が多すぎた。急速に伸したことへの反発に加え、先のスパイ疑惑もあった。女性問題も囁かれていた。

そのため「五十年分裂」後、伊藤は苦境に立たされた。後ろ盾の徳田が北京へ亡命すると、志田重男《しだしげお》らから排撃を受けたのだ。スパイ説もまことしやかに流された。

その後、伊藤は北京へ飛ぶが、頼みの徳田はすでに病魔に冒されていた。そして徳田の入院中、野坂の手で査問され、そのまま監禁・除名されてしまう。伊藤が日本へ帰国したのは北京へ発った二十九年後、昭和五十五年のことだった。端正なマスクはロンパリと化し、車椅子姿と相俟《あいま》って、往時を知る人々を驚かせたものである。

共産党と関わったために、人生を翻弄された人は多い。逮捕、監禁、リンチ、武装闘争……命を失った人もいる。濡れ衣を着せられ、幽閉生活を強いられた伊藤律も、その一人である。

第四章

レッドパージと武装闘争

派閥抗争激化

総選挙での勝利に党内は浮かれたが、徳田はこれを引き締めた。選挙後に開かれた中央委員会総会の席上、

「党内に相当勝利に酔っぱらった気分が起こっていることは、まことに残念である」

と増長を戒め、与党民自党の大勝に触れ「保守反動」との対決を力説した。また、「社共合同」により入党してきた社会党出身への配慮も見せ、

「他党または無党派から新たに入党された指導的同志達に対してはとくに尊敬を払うことが必要である」

と強調している。「社共合同」の効果を噛みしめていたのだろう。

しかし、党内の浮かれ気分は収まらなかった。それどころか「革命近し」という声まで出

始めた。昭和二十四年三月頃から広まった、いわゆる「九月革命説」である。

「九月までに吉田内閣を倒し、人民政府を樹立する」――この「九月革命説」は、党内外に瞬く間に拡大し、慢心を諌めた徳田からして
「九月までに吉田内閣をぶっ潰す」

と公言した。

町の有力者や警察に、

「共産党政権ができた暁には覚悟しろ」

といった趣旨の脅迫状が連日舞い込んだとの話まである。

「革命気分」で鼻息が荒くなり過ぎたのか、国会では共産党議員による「暴力事件」が発生。しかも相手は「任侠」である。

五月、衆議院本会議での審議中、議場で混乱が発生した。その際共産党の立花敏男《たちばなとしお》が、民自党の小西寅松《こにしとらまつ》を殴打したのだ。

小西は大阪の〝親分〟である。子分がたくさんいる。立花も小西も登院停止処分に付されたが、侠客たちがそれで収まるはずもない。地元から大挙してやってきて、親分の仇を討つと憤激していた。

「任侠VS共産党」――徹底的にやり合えば面白かったろうに、志賀義雄が民自党幹事長の広川弘禅《ひろかわこうぜん》に掛け合って事なきを得た。志賀は衆議院の食堂で、集結していた子分連にも謝罪。

るのである。

「謝罪」や「誤り」とは無縁に見られがちな共産党だが、相手や状況次第では、きちんと謝
乱闘事件後、七月から八月にかけて、怪事件が立て続けに起こった。下山事件、三鷹事件、松川事件である。これらの事件は共産党の関与も囁かれ、九月に向けて世は騒然としてきた。そして、九月を迎えた――が、何も起こらなかった。「九月革命説」は「説」にすぎなかったのだ。

代わりに指導部への不満が出始めた。長文の意見書も出た。派閥争いめいた内紛も見られるようになった。

で、年が明けた昭和二十五年一月六日――。

海の彼方から〝爆弾〟が飛んできた。

発射したのは共産党・労働者情報局――コミンフォルムであった。

戦前、日本共産党を監督したコミンテルンは、昭和十八年に解散していた。戦後、西側諸国に対抗する新たな国際共産主義組織として、昭和二十二年にコミンフォルムが誕生。情報連絡機関という形をとってはいるが、事実上はソ連・スターリンによる〝指導部〟であった。そのコミンフォルムの機関紙が、「日本の情勢について」という論文を載せ、日本共産党を厳しく批判したのである。

「オブザーバー」署名による論文は、「占領下でも平和革命ができる」とする野坂参三の

「平和革命論」をこき下ろし、反米闘争に立ち上がることを呼び掛けていた。要はソ連・スターリンが、日本共産党の行き方を、「誤り」だと断じたのである。

コミンフォルムの批判を受け、党内は混乱に陥った。

まず一月八日、党政治局・統制委員会は「党かく乱のデマを打ち砕け」との声明を発表。批判は「明らかな敵の挑発行為」だと断定した。

ところがデマではなく本物だとわかると、今度は一月十二日、政治局名で「『日本の情勢について』に関する所感」を発表。野坂の意見は欠点も有するが、それらはすでに克服されており、「わが党は正しい発展をとげていると信ずる」と反論した。

しかし――コミンフォルムに続き、大陸からも〝爆弾〟が放たれてきた。

一月十七日、中国共産党の機関紙『人民日報』が、「日本共産党がコミンフォルム機関紙の批判を受け入れることを切望する」との論説を掲載したのである。

コミンテルンに加え中共からも批判され、徳田らは「所感」を撤回せざるを得なくなった。一月十九日、「コミンフォルム機関紙の論評に関する決議」を発表し、「論評の積極的意義」を認めたのである。さらには野坂も自己批判に追い込まれ、二月六日にアカハタ紙上で「私の自己批判」と題する論文を掲載した。

これら海外からの批判は、共産党にとって、理論・戦術上の問題にとどまらなかった。それまで存在しつつも露わになってはいなかった、党内の派閥を浮き彫りにしたのである。

「所感」が出される前、政治局では意見が割れた。基本的な問題で見解が分かれるのは初めてのことだった。

志賀義雄、宮本顕治、袴田里見らはコミンフォルム批判の無条件受け入れを主張。徳田球一、野坂参三、伊藤律、志田重男、紺野与次郎《こんのよじろう》はこれに反対した。採決の結果、五対二で、「所感」が出される運びとなったのである。

このときの主張を基に、主流の徳田らが「所感派」、反主流の志賀、宮本らが「国際派」と呼ばれることになる。「民主集中制」の名のもと一枚岩であった共産党において、表立った形で派閥抗争が展開され始めたのである。

徳田主流派は反主流の「国際派」の処分にかかり、宮本は九州へと都落ちさせられた。対して宮本も、五月一日付『前衛』四十九号で、「共産党労働者党情報局『論評』の積極的意義」と題した論文を発表。そこで野坂の「平和革命論」を

「根本的な誤りとなる」

と酷評し、

「議会を通じての政権獲得の理論も、同じであることは論をまたない」

と続けている。

さらに宮本は、野坂理論が清算されなかったことが、

「議会主義的安易さ、社会党への無批判的傾向、右翼社会民主主義への追随的傾向を招来し

た」

と、「社共合同」や「統一戦線」まで批判している。つまり、徳田主流派が行ってきたこれまでの党の取り組みを、全否定したのである。

積りに積もったウップンを、一気に晴らした形だが、驚くのは議会を通じての政権奪取を「根本的な誤り」と明言している点だ。「議会主義的安易さ」などと「議会主義」を否定的な意味で使用してもいる。要するに、「暴力革命」を積極的に唱えているのである。その後、徳田主流派が採った「暴力革命路線」に対し、宮本は「無関係」を決め込んだ。しかし、そもそもは宮本の方こそが、「暴力革命」を強く主張していたのである。

この論文一つをとって、宮本が本音では議会主義否定論者であり続けたと言うつもりはない。あるいは本心から、「暴力革命」は誤りだと改心していたかもしれない。けれども、「昔はあのように主張したが間違っていた。考え直した」と反省することなく、「過ち」を無視したり隠したりするところに、共産党への不信と不安を感じざるを得ないのである。

ところでコミンフォルム批判の根底には、米ソの冷戦という当時の国際情勢があった。特に朝鮮半島は緊迫の度を深めており、事実、批判から半年も経たない六月に、朝鮮戦争が勃発する。そうした切迫した状況にもかかわらず、「平和革命」を唱えていた日本共産党に、奮起を促す意味合いがあったのだ。

いわゆる五十年問題

アメリカ側の反共姿勢も強まった。朝鮮戦争前の六月六日、書記長の徳田以下、共産党幹部二十四名を公職追放処分とした。「レッドパージ」が本格化したのである。

徳田ほか野坂、伊藤、志田、紺野、志賀、宮本、袴田……主流の所感派・反主流の国際派を問わず、幹部連が追放された。だが共産党もしたたかだ。追放を察知し手を打っていたのだ。

追放指令が下るや否や、主流の徳田所感派は臨時中央指導部を設置。椎野悦郎《しいのえつろう》を議長に据えた。そして、自分たちは――姿を消した。所感派幹部がことごとく、地下に潜行したのである。

反主流の国際派は置いてけぼりにされた。志賀も宮本も袴田も、何の連絡も受けなかった。……日本共産党は戦後五年目にして、ここに分裂したのである。この分裂劇は「五十年問題」、または「五十年分裂」と称されている。

ときに分裂騒ぎの頃、労働界でも大きな動きがあった。昭和二十五年七月、日本労働組合総評議会、すなわち総評が結成されたのである。

二・一ゼネスト挫折以後、産別会議内では共産党のやり方に対する不満が出始め、「民主化同盟」がつくられた。この「民同運動」が広がっていき、反共労組を育成しようとするGHQ

の意向も相俟って、総評の創立に至ったのである。総評はやがて「ニワトリがアヒルになった」といわれる左傾化を遂げるが、元来はレッドパージの流れの中で、GHQの後押しで誕生した団体であった。

さて、昭和二十五年八月、〝地上〟に取り残された反主流国際派は、宮本らを中心に「全国統一委員会」を結成した。当時の主流・反主流の勢力比率は不明だが、兵本達吉の推定によれば、七対三くらいであったという。しかも、少数の反主流派が一本化されていたわけではなく、野田弥三郎《のだやさぶろう》らの「国際主義団」、中西功《なかにしこう》らの「団結派」、福本和夫らの「統一協議会」などが林立していた。

そのうえまたも海外からの批判が届いた。九月初頭、『人民日報』が「今こそ日本人民は団結し、敵にあたる時である」との社説を掲載。統一を呼びかけてきたのである。主流・反主流いずれもこの勧告を受け入れ、全国統一委員会は十月に解散した。

しかし主流の所感派臨時中央指導部は、反主流の国際派組織の解体を見て、高圧的な態度に出た。復党希望者には自己批判を要求し、除名処分もいとわなかった。そのため反主流派は十二月、再結集して「全国統一会議」を結成。各地にビューローを設け、機関誌も発行した。宮本らを中心とした「もう一つの日本共産党」の誕生で、分裂劇は抜き差しならない状況となったのである。

一方、主流の所感派は――徳田が健康を損ね、十月に療養を兼ね北京へ亡命。「家父長」

不在の主流派は、伊藤律、志田重男が実権を握った。この頃より「暴力革命路線」の兆候が見え始め、主流派の非合法機関紙『内外評論』（十月十二日付）に掲載された「共産主義者と愛国者の新しい任務―力には力を以てたたかえ―」なる論文の中で、「武力闘争」を提起している。たった一年九か月前、総選挙で三十五議席を獲得し、大躍進を果たした共産党。しかしコミンフォルム批判や分裂を経て、危険な方向へと向かい始めたのである。

ちなみに徳田が脱出を図っていた九月下旬、潜行中の伊藤律と会ったとする「架空会見記」が朝日新聞に出た。地下に潜った幹部らの動向は、記事を捏造したくなるほど注目されていたのである。

震撼、「四全協」の軍事方針

昭和二十六年に入ると、主流派の「暴力革命」志向はますます強くなっていった。一月二十四日付の『内外評論』では「なぜ武力革命が問題にならなかったか」なる論文を載せ、「武力革命の問題は、マルクスやレーニンが古くから理論的に指示し、ロシア革命がその正しさを、事実をもって証明したものである。これは、共産主義の基本原則であり、社会民主主義との根本的な相違点である」

と「武力革命」が正しくかつ基本原則であると宣言した。

さらにこの論文は、

「重要なことは、党内に大なり小なり残っている右翼日和見的、議会主義的思想の徹底清掃であり、強力による敵権力の打破を中心思想とする革命的マルクス主義の確立である」

「都市における労働者階級の闘争を主力として、労働者を指導者とする農村での武力闘争を組織することを、当然問題とせねばならぬ」

等々再三に渡って武装闘争の必要性を強調。武装蜂起に批判的となっていた国際派を「武力革命の問題については、一言もふれていない」と嘲笑までしている。もはや完全に、「暴力革命路線」へ舵を切り始めたのである。

他方、国際派は、主流派の指摘する通り、武装闘争を展開することに反対していた。国際派の機関誌『解放戦線』は、昭和二十六年一月一日付で「新しい情勢と日本共産党の任務」を掲載。主流派のスタンスを「一揆主義的極左偏向の扇動にふけっている」と断じたうえで、

「今日の情勢はいまだ権力奪取の直接武力闘争をおこなうことが任務となるような革命的危機の段階ではない」

と武力闘争を否定した。

ただ、「今日」「いまだ」とあるように、武力行使を全面的に斥《しりぞ》けているわけではない。この論文でも

「長く平和革命にわざわいされたわが党において、武装闘争の問題を革命運動の一つの課題

として提起し、研究し、展望することは明らかに必要である。また大衆に対しても、この課題に対する正しい理解を宣伝教育することも重要であろう」

と述べ、実力行動に含みを持たせている。要は「武装蜂起は革命における重要な手段だが、今はその時期ではない」ということだ。そもそも先述した如く、コミンフォルム批判以来、国際派の方が「暴力革命」を支持していたのだ。

ともあれ、状況は一転した。主流の所感派が武装蜂起へ旋回し、反主流の国際派がそれを批判するという図式となった。つい先だってまでの主張が入れ替わり、罵倒し合うとは共産党ならでは――ではない。論文まで書いて批判することは稀であろうが、「保守」や「リベラル」議員の変節など、それこそ挙げたらきりがない。もとより「主張」が無い者も多い。前出のように社会党左派だって、組閣を前に突如として共産党との「絶縁宣言」を出したのだ。繰り返しになるが、政治家への過度な期待は――党派を問わず――禁物である。

だが、「暴力革命」を志向するのは共産党ならではだ。主流派は武装闘争を機関誌で煽るにとどまらず、党の正式決定として採用するに至った。

昭和二十六年二月に開催された第四回全国協議会（四全協）が、その決定の場であった。本書の初めに掲載した、「軍事方針」が採択されたのだ。

四全協は二月二十三日から二十七日までの五日間、秘密裏に開かれた。数人ごとの数グループに分かれ、東京の郊外などでばらばらに集まったのだという。ここで四つの方針が決まった。

第一として「一般闘争方針」、第二に「全面講和闘争について」。

そして第三として――「暴力革命」の狼煙《のろし》となった、「軍事方針について」が決められた。

さらに第四として、「非合法活動の強化」なるサブタイトルと共に、「組織問題について」が決定したのである。

以下に決定事項の要旨を紹介していくが、「暴力革命」の指針となった四全協、五全協の原文を見る機会は少ないはずである。

殊に四全協の方は、「暴力革命路線」の起点であったにもかかわらず、なぜだか捨象《しゃしょう》されがちだ。「暴力革命唯一論」に拠る「五一年綱領」を採択したせいか、五全協が〝起点〟とされることもある。

しかし四全協で「軍事方針」が決定し、その後の「五一年綱領」、武装蜂起へとつながるのである。

「第三、軍事方針について」では、前出の如く

「革命は、米軍を駆逐し、一切の暴力的抑圧機関を粉砕する人民の武力斗争が必要」(「斗」は原文ママ。原文は「闘」を「斗」と表記している。以下同じ)だとして「中核自衛隊」と「遊撃隊」の結成を扇動している。

労働者階級が米帝と賣国奴の非人道的な収奪とファシスト的な暴力支配に対して、自らの生活を守るために、斗っている斗争、とくに、侵略者の軍事基地、軍需生産、輸送における多種多様の抵抗斗争は、まだ自然発生的なものから十分脱却し切れないにかかわらず、それは敵の軍事基地をマヒ、粉砕するものであり、発展して民族の独立と人民革命達成の基礎となり、革命における武装斗争の芽ばえであり、基礎である。この故に、大衆の各種の抵抗斗争を意識化し、これを平和、独立、自由のための強固な自衛斗争に育てあげ、この斗争のなかで、意識的な中核自衛隊を結集し、これを平和ヨウゴ斗士団や愛国斗士団に結成することが極めて重要である。

（略）労働者階級は重要拠点、工場、鑛山、交通、運輸、電力等の中心において、自ら斗い指導する地域斗争を強化し、労働者の周囲に、農民市民大衆を団結させ、米帝国主義と賣国奴に対して頑強、不屈の地域斗争を行い、自衛斗争を行い、自衛斗争を発展させ、その中から遊撃隊を作り出し、その発展を指導しなければならない。労働者階級は、小部隊による遊撃隊を組織し、これを自衛隊との緊密な連絡のもとに、米帝国主義と賣国奴の武装勢力を分散、カク乱、襲撃し、侵略、戦争、焦土化、リャク奪、弾圧の政策に打撃をくわえ、これに農民を参加させ、農民の反封建的斗争、土地斗争、反帝国主義、反賣国奴斗争の大衆的な発展のために斗争させることが可能となる。この遊撃隊は、拠点工場、経営、鑛山の労働者と結合し、農、山、漁村の遊撃根拠地はつねに大都市、大鑛業地の大工場、鑛山、経営と結合し、労働者階級の指導の下に発展しなければならない。(傍線筆者)

また、「警察に対する工作」と銘打って、警察への内部工作も重視している。

日本の警察も、また、米帝国主義の支配の機構となり、下級警察官の間には、深刻な動揺がおきている。従来、われわれの下級警察官への工作は、民族的な反抗の宣伝センドウが不足していた。下級警察官に対して、その生活、自由、基本的人権について反抗と斗争をセン動すると共に、民族独立の愛国者の立場と民族的な反抗を宣伝、セン動し、人民への弾圧や愛国者への追及を拒否、サボタージュさせるよう働きかけることが必要である。また、中級以上の警察官の間には、アジアの共産主義の勝利と、民族解放運動の発展を運用して、民族裏切者の立場をキュウ弾する巧妙な宣伝戦を浸透させ、警察内部に対立を激成し、その機能をマヒさせなければならない。(傍線筆者)

「二・一ゼネスト」の項で述べた、生産管理闘争における「オシャカ闘争」にも言及しており、「英雄的」と絶賛している。

労働者階級を中心として、日本の人民大衆は、多くの英雄的な斗争を行っている。富士三鷹の、平和産業を守る長期のストライキと人民斗争、池貝自動車や日産自動車のストライキ、炭鑛地方における特需炭の生産サボ、ＰＤ工場におけるオシヤカ斗争やサボ等は、敵の軍事基地の拠点をマヒさせ、粉砕するものである。（傍線筆者）

「第四、組織問題について」では、冒頭に
「情勢は非合法活動の徹底強化を要求している」
と掲げられ、非合法活動の重要性を強調。非合法活動無しには革命を進められないとの危機感も吐露している。

ポ宣言（筆者注・ポツダム宣言）、極東委の対日政策の公然たる暴力的ジュウリンは、また国内の人民大衆のすべての正当な民主的諸権利、諸利益の公然たる暴力的人権ジュウリンでもあるのだ。

このような状態の下においては、わが人民大衆が内外反動勢力の手から民族の独立を守り、戦争の野望とその拡大を粉砕するために、もし彼らの認める合法的枠内の斗争のみにとどまるならば、まさに彼らに屈服し、敗北の道へ転落することを意味する。

根本的にいつて、革命は、敵の権力に対する非合法の斗争である。それは敵（米帝とその国内の番犬ども）の暴力による権力の支配に対して、人民大衆の団結を基礎とした実力をもつてする斗争である。

（略）非合法活動の強化とその必要についていては、わが党は、ここ数ヵ月の間に貴重な経験を積んできた。昨年六月わが党中央委員およびアカハタ幹部が追放されて以来、われわれの活動の諸経験は、非合法活動の全面的な強化なしには、斗争の前進と発展の期待し得られないことを教えた。同時に非合法活動についての種々の誤解、偏向が、われわれの党活動に可成りの混乱と損失を与えた経験も学んだ。

今日、われわれはこれらの経験を摂取《せっしゅ》しつつ、情勢に適応した党活動に適応した党活動の質、方法、形態の大転換を大胆に行い、非合法活動の徹底的な強化を図ることなしには、党と大衆の革命的な斗争を発展せしめ得ない段階に直面しているのである。（傍線筆者）

さらに、「分派主義者にかんする決議」も行われ、反主流派に対して徹底的な自己批判と党規律への服従を求めた。「最後の通告」「従わない者の断固たる処断」等々の字句が並ぶ、激しい内容である。この時期主流派は、何かに憑かれたかのように、興奮状態に陥っていた模様だ。

ともあれ、日本共産党は、「党の正規の方針」として、「軍事方針」を採用したのである。現在の共産党は、この軍事方針と、それに基づく武装闘争に関し、「分派がやったこと」と主張している。党編集の資料からも消されており、日本共産党中央委員会編『日本共産党五〇年問題資料文献集』（筆者所有は一九八一年二月一五日第二刷）における四全協の部分は、「軍事方針について」「組織問題について」の二項が外してある。決定したのは「一般闘争方針」「全面講和闘争について」だけだったかのような体裁となっているのである。

しかし、すでに見てきた如く、四全協を開催した所感派の方が、「主流派」であったのだ。また、後述するように、「世界的」にも四全協決議は支持を受け、国際派幹部が次々と所感派へ「復党」していくのである。所感派が分派などとは到底言えない状況だったのだ。しかも、「軍事方針」を拒否して党を離れた人間も居た以上、「復党」した幹部らは、「軍事方針」を追認したことになると判断せざるを得ないのである。

さて、四全協直後の昭和二十六年三月、国際派の志賀義雄が自己批判して主流派に復帰した。やはり、国際派の方が「分派」であったと、こうした人間模様を見てもわかる。

だが、この時点ではまだ分派争いは終結せず、それどころか激化していた。四月の地方選挙では、知事選でそれぞれ別の候補を立て、一般の目にも事態の深刻さが明らかになった。ちなみに両陣営の推した知事候補は全て落選の憂き目を見ている。

七月には国際派の分裂騒ぎまで発生し、内紛がさらに激しくなった矢先、レフリーが現れた。

泥仕合に判決を下せる存在はといえば――もちろんコミンフォルムである。

八月十日付のコミンフォルム機関紙『恒久平和と人民民主主義のために』が「『分派主義者にたいする闘争にかんする決議』について」と題した論説を載せ、四全協の「分派主義者にかんする決議」を支持したのだ。

この八月にはモスクワで、所感派・国際派を交えた会議も開かれた。これにはスターリンも出席し、所感派から徳田、野坂ら、国際派から袴田が参加した。席上、国際派が「分派」と断じられ、袴田は自己批判を要求された。さらにはスターリン自ら手を入れた、「暴力革命路線」の「五一年綱領」を押し付けられた。袴田は自己批判にも綱領にも不満であったが、「偉大な指導者」を前に反対することはできなかったという。

コミンフォルム批判から一年七か月。長きに渡った分裂劇は、ようやく決着がついた。徳田ら所感派が「主流派」だと「正式に」認められ、宮本ら国際派は「分派」だとみなされたのである。

直後に袴田は自己批判文を発表し、反主流派の各グループも自己批判と共に相次ぎ解体・復党していった。宮本顕治も三たび書き直しを命じられた末、志田重男に自己批判書を提出して復党している。

つまり、その後の武装蜂起の時代、宮本は「分派」でなく、同じ党の一員だったのである。

それどころか宮本自身、のちに記した「経過の概要」なる文書において、「五一年秋、地下活動に入ることを求められ、これに応じ、宣伝教育関係の部門に入れられることになったが、仕事を始めるに至らず一、二週間して不適任者として解除される」と告白。地下活動への参加に応じたことを認めているのだ。宮本や、その流れを汲む現在の党が力説する「武装闘争は分裂した一方の側がやったこと」との主張は――やはり無理がある。

「五全協」で「暴力革命以外、道はない」と決定

十月十六日、十七日には第五回全国協議会（五全協）が開かれた。こちらも四全協と等しく秘密裏で、同様の形式で集まったという。

ここで**「暴力革命以外に道は無い」**とする、くだんの「五一年綱領」が採択された。以下に要点を原文のまま掲載する。

> 日本の解放と民主的変革を、平和の手段によつて達成しうると考えるのはまちがいである。
>
> 労働者と農民の生活を、根本的に改善し、また、日本を奴隷の状態から解放し、国民

を窮乏の状態から救うためには、反動勢力にたいし、吉田政府にたいし、国民の真剣な革命的斗争を組織しなければならない。すなわち、反動的吉田政府を打倒し、新しい民族解放民主政府のために道を開き、そして占領制度をなくする条件を作らなければならない。

これ以外に道はない。(傍線筆者)

新綱領と共に発表された一般報告では、「三、當面《とうめん》の任務」として「民主的討議は敵を説得する手段とはならない」と〝言論戦〟を否定。合法活動を支える非合法活動の重要性が強調された。

党は、その国民の統一を実現するためにも、一つ一つの敵のファッショ的な城塞を打ちくだいて行く斗いを、おし進めなければならない。そこでは国民は、敵の暴圧から味方を守り、味方の自由な活動を保障する地盤と組織を築いて行かねばならない。民主的な討議は、本質的には、味方の意志を統一する武器としてこそ必要であるが、敵を説得するための手段とはならない。敵の弾圧に対抗して、敵の力を弱め、孤立させ、味方の強力な団結を保持し、発展させる組織と行動の諸形態が創り出されねばならない。敵の力が強大で、味方の力が弱いときには、よくそれに耐え、内部の力の団結と拡大を図る工作に習熟しなければならない。合法面の活動の最大限の活用と、それを保障し、発展させる強靭な非合法活動を、全国民の間に、広く大きく組織しなければならない。（傍線筆者）

「六、党」の項目でも、非合法活動の必要性を説いている。「どうしても」などと力を込めながら。

合法、非合法活動の結合と統一を一層たかめ、大衆との結合を徹底的に強化することは、ますます重要さを増してきている。

敵の暴圧に耐え、それに反撃を加え、民族解放統一戦線を強化するためには、ただ、党と大衆との結合を、ますます強化し、党の階級的基礎を固めることが原則であり、この道に外れることはゆるされない。

合法主義と非合法主義の誤りは、しばしば強調されてきた。そしてこの偏向のあやまりは次第に克服されている。しかしまだ、情勢をあまく見る合法主義的傾向から、しばしば党は敵に攻撃の隙を与え、相当の打撃をゆるしている。しかし、経験の教えるところによれば、党の革命的警戒心と、それに対応する組織的準備が十分にとられているならば、党は決して敵に不必要な攻撃の隙を与えるものではないことを証明している。

しかし、敵は道理にかなつてやつてくるのではなく、非道にやつてくるものであることを、計算から外すわけにはいかない。したがつて、どうしても、非合法活動の原則は、厳重に守られねばならぬ。この原則を保障するものは、それらの組織的活動の事実についての、自己、相互点検が厳重に実行されるか、否かにかかつている。（傍線筆者）

「五一年綱領」は先のコミンフォルム機関紙や、ソ連共産党機関紙『プラウダ』でも紹介され、国際的に「承認」された。これ以後武装闘争が展開されていくのである。

時限爆弾作りの教科書

五全協の直後から、共産党は武装闘争の具体的指針となる論文を、地下で発表していった。本書の初めで紹介した、危険な文書が次々と発行されたのである。

以下に要点を原文のまま引用していくが、これらの文書はのちに過激派も参考にした、**武装蜂起の「虎の巻」**だ。八十歳以下で目にしたことがある方は、ごく少数のはずである。

まず、昭和二十六年十一月八日付の『内外評論』に、**「われわれは、武装の準備と行動を開始しなければならない」**と題するガリ版刷りの論文が出た。問答形式からなるこの論文は、**『球根栽培法』**との表紙に偽装され、冒頭にて軍事組織の必要性を強調。パルチザンの組織や「敵」の襲撃、軍事施設の破壊などを呼び掛けている。

問　われわれに、何故軍事組織が必要か

答　武装した権力を相手に闘っているからである。（中略）平和的な方法だけでは、戦争に反対し、国民の平和と自由と生活を守る闘いを推し進めることはできないし、占領制度を除くために、吉田政府を倒して、新しい国民の政府をつくることもできない。彼等は武装しており、それによって自分を守っているだけではなく、われわれをほろぼそうとしているのである。これとの闘いには、敵の武装力から味方を守り、敵を倒す手段が必要である。この手段は、われわれが軍事組織をつくり、武装し、行動する以外にない。軍事組織は、この武装行動のための組織である。（中略）われわれは、どうしても軍事組織をつくることが必要であり、これをつくらなければならないのである。このことをわれわれが真剣に考え、準備しない限り、国民の利益を守ることも、国民を奴隷的状態から救うこともできないのである。

（中略）

問　日本でパルチザンを組織することができるか

答　パルチザンを組織することができるし、また、組織しなければならない。これは非常に効果的な闘争の方法であり、敵に決定的な打撃を与えることができる。（中略）日本で、パルチザンを組織することができ、それが発展し得る条件があることは明らかである。従ってわれわれは抵抗自衛闘争を強めると共に、躊躇することなく、この準備を直ちに行わなければならない。

問　われわれの軍事組織は、どのような活動をするのか

答　敵の武装力を破壊し、敵に勝利するために、役立つ軍事行動は、総て行わなければならない。（中略）われわれの軍事組織は、この根本原則に従って、敵の部隊や売国奴達を襲撃し、それを打破ったり、軍事基地や軍事工場や、軍需品倉庫、武器、施設、車輌などをおそい、破壊させたり、爆発させたりするのである。占領制度を除くためには、われわれはあらゆる手段をとらなければならないし、また、それは許されるのである。この場合には、通常の支配者の道徳は適用されないのであり、それに影響されてはならないのである。

『球根栽培法』を皮切りに、続々と地下文書が発表されていく。主だったものから核心部分を原文通り掲載する。

『軍事ノート第三号』では中核自衛隊、独立遊撃隊ににについて述べられている。

一、現在の中核自衛隊は将来の本格的軍事行動の基本的なものであり、萌芽的なものであるがその方向には三つある。
(1)　生産と生活の拠点に於《お》ける大衆闘争の主要闘争手段の防衛と武装化（主として革命ストライキ委員会と部落自警団の防衛と武装化）
(2)　生産と生活の拠点に基礎をおきつつ行動半径をのばして地域的共同闘争の防衛のために戦う民兵としての方向
(3)　将来の正規軍に発展する独立遊撃隊の方向、生産と生活に於る細胞の闘争が敵の暴力のために苦戦になる危険ある場合この力を以って細胞の闘争を援護する常時実力的な政治工作隊の使命を帯びて、空白地帯を埋めつつ二十四時間常在の軍事訓練に従う。
（中略）
六、現在最も重要なことは革命を意識的に準備する立場から大衆のあらゆる要求を行動に組織し、これを勝ちとるためにその行動を防衛しなくては斗えないこと、そのために武装する必要のあること、武装による革命的な方法による以外には解放の道がないことを大衆自身に討論させ、これを行動に発展させることである。

独立遊撃隊を組織せよ。

一、斗争は益々拡大し発展している。党はこの斗争の中で闘争の条件と要請に応じて独立遊撃隊を積極的に組織し活動させていく必要がある。それは現在の斗争が大衆の政治的自覚という基礎の上におこっており、その行動は非常に幅広いもので多岐にわたっている。

『**軍事ノート第八号**』ではストの重要性についても言及されている。

国民総武装の主力は労働者階級のストライキ組織の武装と農民の自主防衛組織の武装である。これこそが独立遊撃隊や民兵の母である。これこそ独立遊撃隊の勇敢な兵士のつきることなき給源地である。

特に今日の最大の問題は拠点労働者大衆の間に「ゼネストの武装と、それを基礎にした武装蜂起の思想」を徹底的に入れることである。

『**新しいビタミン療法**』『**料理献立表**』は火炎瓶の作り方や使い方を掲載し、薬品名や配合まで解説。

「従来の共産文献（主として中国関係並びにソ連将校の教育せるもの）中より抜すい」との注釈もあり、ソ連・中共の影を感じさせるものである。

六十頁近くもある『**遊撃戦の基礎戦術**』は、十五章に渡って戦術を説いている。興味深いのは「第七章　襲撃」で、文字通り襲撃のやり方を解説。「殺す」との字句も見られる。

襲撃実施の際には、予定の時間に、騒がず、発砲せず、突喊《とっかん》の声もたてないようにし、各一人一人の兵士がみな襲撃時の武器の使用法をよく理解しているようにさせておくことである。つまり、銃剣と手榴弾を使うことであって、銃声をきいて敵がその方向に撃ち返してくるようなことをさせてはならないのである。ただ、敵側に乗ずべき機会があった場合にのみ、前後が相呼応して、正面からの突撃、側面からの突撃、あるいは迂回しての突撃、あるいは直接的な突撃などの方法を採用して突撃することができるのである。

（中略）

遊撃隊は俘虜《ふりょ》をつれていったり、大量の戦利品を携帯したりして行動を阻碍《そがい》されてはならない。俘虜は武装解除したうえ放免するか、殺すかし、戦利品は地方政府か、住民にその輸送を托すのが一番よいやり方である。

また、発行者名が「厚生省衛生試験所」という、さも役所の資料のように偽装された『**栄養分析表**』では、時限爆弾などの作製方法が図入りで説明されている。

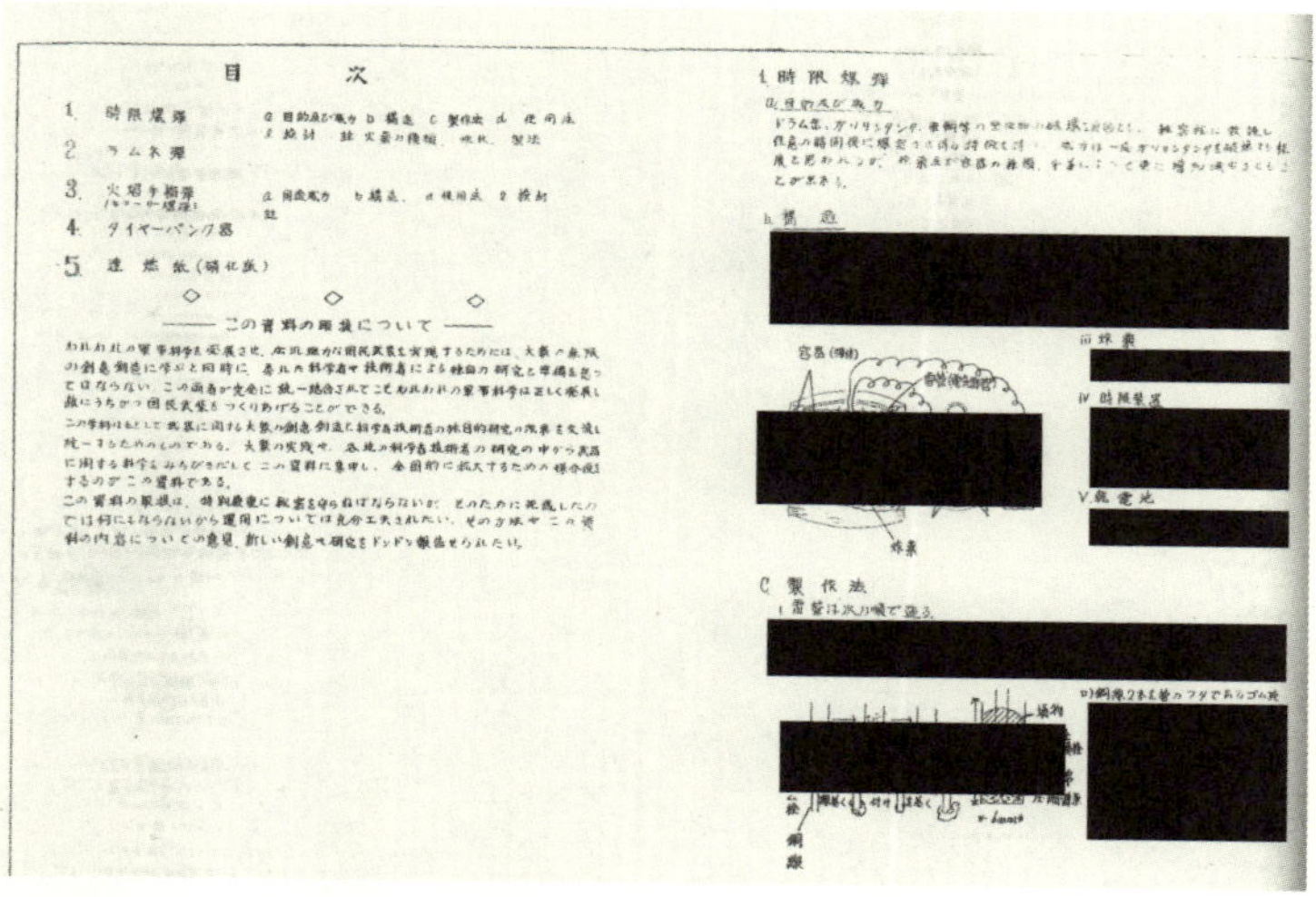

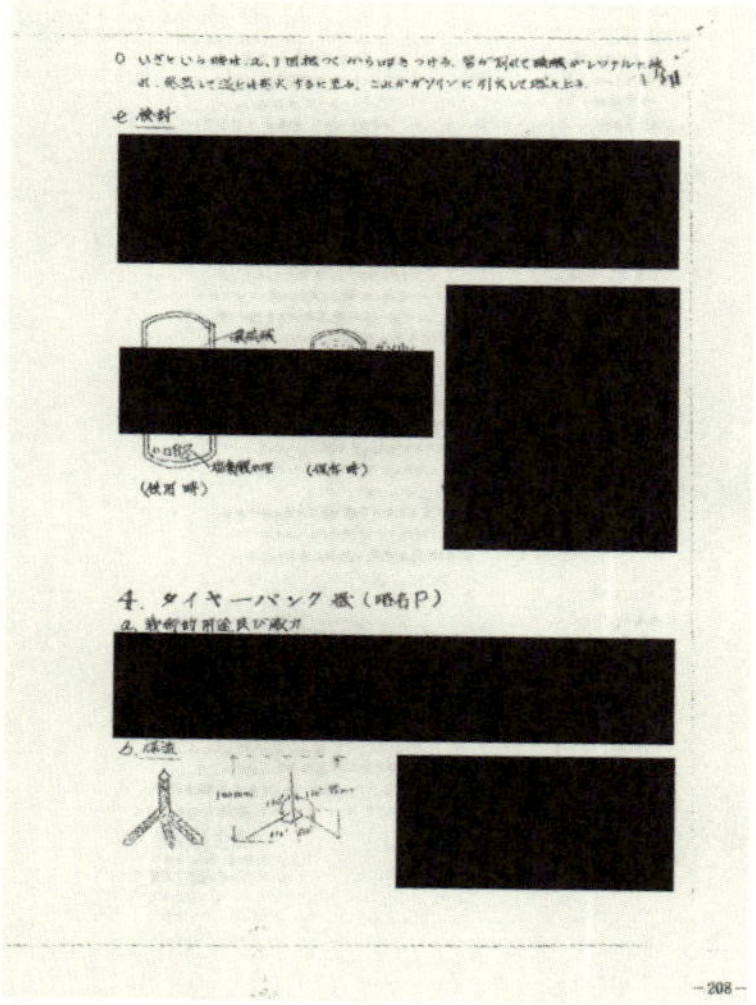

時限爆弾作製法とタイヤパンク器の作り方『栄養分析表』より

本当にこの通りやれば作れるのだろうか。筆者は理系の世界に全く不案内ゆえわからぬが、作れるとしたら恐ろしい話だ。

他にも忍者が使う「まきびし」のような、タイヤパンク器の作り方が載っている。

その用途・目的は、

「車輛タイヤをパンクさせることによって敵の輸送網を混乱させ、同時に敵に精神的動揺を惹き起こすこと」

らしい。確かにこんなものでパンクさせられたら一日中不愉快になりそうだ。

これらの文書を教本として展開された武装闘争は、「Y」と呼ばれる軍事委員会が統括した。最高責任者は志田重男である。志田は徳田が北京に亡命した後、党を動かしていた一人だ。

さらには実戦部隊として、「中核自衛隊」が組織された。昭和二十七年二月一日付の『球根栽培法』第二十七号は、「中核自衛隊の組織と戦術」を掲載し、戦略や任務、心構えを説いている。

「中核自衛隊の主要な補給源は、敵である、中核自衛隊はアメリカ占領軍をはじめ、敵の武装機関から武器を奪いとるべきである」

「資金も、アメリカ占領軍から奪いとることが原則である」

というくだりは「武器は敵から奪え」とする中共の影響であろう。なお、本物の自衛隊は昭和二十九年設立だから、こちらの方が一足先に「自衛隊」を名乗っていたわけである。

山村地帯では「山村工作隊」なる部隊もつくられた。中共の人民遊撃隊さながらに、ゲリラ部隊を目指したらしいこの組織は、党外の「謎のグループ」とも関係を持っていた。かの「サンカ」である。

サンカとは、定住地を持たず山間を漂泊し、農具の箕《み》などをこしらえたり直したりして生活していた集団だ。日本の高度成長と共にその姿は見られなくなるが、当時は縁日などに姿を見せていたという。

サンカは「反体制的な面がある」というので、山村工作隊は接近を図った。が、「山間人」は「一般人」を警戒し、物を売ったらすぐに姿を消してしまう。追いかけても山中を高速で駆け回り、あっという間に逃げてしまう。

それでも苦心して接触を深めると、仲間意識の強いサンカは秘密の逃走ルートを教えてくれたそうだ。

武装闘争に従事した地下組織のメンバーは、おおよそ二千名から二千五百名だったという推定がある。しかし、共産党の背後には、ソ連や中共だけでなく、少なくない数の「シンパ」も控えていたはずだ。サンカのように、武装蜂起を外から支えた「伏兵」たちは、一体どれだけいたのだろうか。

さて、「軍事方針」によって「暴力革命路線」を選択し、実戦部隊を組織した共産党は、いよいよ武装闘争を開始した。記録を見ると、当初は警察に対しての〝闘争〟が目立つ。まず昭和二十六年末、練馬で印藤巡査を殺害し、拳銃を強奪。〝敵〟たる警官を倒して武器を奪う――中核自衛隊の方針通りである。

翌昭和二十七年一月、今度は札幌で、白鳥警部を射殺。この事件は長らく冤罪説が唱えられ、事実、警察の勇み足もあったようだ。だが近年、裁判記録を読み解いた渡部富哉らによって、共産党の犯行だったことがほぼ論証されている。

続く二月には、長野県田口村と都内の蒲田にて、警官に対する集団暴行事件が発生。いずれも暴行にとどまらず、ピストルを奪っている。まさにマニュアル通りなのである。

五月一日のメーデーでは、共産党員・朝鮮人が主体となった約八千人の暴徒が皇居前へ乱入。暴徒は警官隊に投石を浴びせ、竹槍やこん棒で襲撃し、さらには警察車両に放火した。午後七時過ぎまで続いた騒乱の結果、八百人以上の警官が負傷し、七百人近い逮捕者を出した。いわゆる「血のメーデー事件」である。

六月には大阪の吹田、七月には名古屋の大須で火炎瓶闘争が発生。騒擾《そうじょう》の中心にいたのはやはり共産党員・朝鮮人であった。オウム事件で有名になった破壊活動防止法は、こうした暴力主義的破壊活動を取り締まるため誕生したのである。

武装闘争は、騒擾といった形だけでなく、民家襲撃といった形でも展開された。

七月、山村工作隊が山梨県曙村の山林地主宅を襲撃。夫妻及び女中、小中学生三人をも竹槍で刺し、こん棒で殴り、縄で縛って水を浴びせた。

八月には埼玉県で、元代議士の横川重次《よこかわじゅうじ》襲撃事件が発生。電話線を切断して外部との連絡を断ったうえ、横川にリンチを加え金品の強奪を図った。

また、武装闘争を資金面で支える組織として、「トラック部隊」も結成された。これは中小企業へ組織的に党員を送り込み、詐欺、横領、特別背任などを尽くした挙句、その会社を乗っ取ったり計画倒産させたりして資産を奪う部隊である。昭和二十六年以降、数億円が収奪され、警視庁公安部が処理した案件だけでも三百九件に及んだという。

武装蜂起の背景にある事情

ところで日本共産党は、なぜ武装闘争の如き暴挙にのめり込んでいったのか——。

共産主義研究家の宮地健一が、警察庁警備局発行の『戦後主要左翼事件　回想』を基に詳細なデータを作成し、興味深い分析をしている。

宮地によれば、武装闘争の目的は、「朝鮮戦争でソ連・中共・北朝鮮を支援するための後方攪乱だった」というものだ。

昭和二十五年六月二十五日に始まった朝鮮戦争は、ソ連・中共・北朝鮮と、アメリカを主体とする国連軍・韓国との戦いだった。共産党の武装蜂起は米軍の駐在する日本で騒擾事件を起こし、前者を支援するものだったというのである。

政治評論家・俵孝太郎をはじめとして、この説を唱える論者は他にもいるが、数字を示して立証したのは宮地が初めてかと思われる。

宮地がＨＰで発表し、共産主義研究家の兵本達吉も著書で引用しているデータによると──。

四全協の「軍事方針」以降、共産党の武装闘争によって引き起こされた事件は、二百六十五件に達している。

そのうち九十五％に迫る二百五十件が──五全協が開催された昭和二十六年十月から、朝鮮戦争休戦の二十八年七月までに集中しているのだ。休戦協定以後は十一件と、急速に減っている。

宮地らの説く通り、朝鮮戦争の後方支援だったことが一目瞭然なのである。

実際、武装闘争の主力には、「祖国解放戦争」に燃える在日朝鮮人たちが多数含まれていた。血のメーデーでは少なくとも二千人を超える朝鮮人が騒擾に参加。吹田事件では騒乱の最中、赤旗と共に北朝鮮の国旗が立っていたほどだ。

前出の五全協における「三、當面の任務」でも、「在日諸民族との提携」が謳われ、朝鮮人の「革命的成長」が絶賛されている。

在日朝、中両人民の力は、今日ますます強大となり、過酷な圧迫や弾圧にもかかわらず、これに耐え、見事に革命的な成長をとげつつある。とくに、在日朝鮮人諸君の革命的成長は飛躍的である。

この力は、わが国民と固い統一戦線をむすぶ有力な一翼である。党は、アジア諸民族と固い団結をむすび、その共通の敵米、日侵略主義者の、侵略政策とその力を、アジアから追放し打倒する立場から、これら在日朝、中人民大衆と、わが国民の団結をますますつよめ、内外反動勢力のその不法な圧迫にたいして、固く提携して斗うよう、一層の努力を必要とする。(傍線筆者)

日本人と違い、皇室への思いの無い朝鮮人は、「天皇制打倒」を掲げる共産党と、戦前より密接な関係を持っていた。例えば共産党系労組の全協は、構成員の約半数が朝鮮人だったとする説もある。こうした朝鮮人と共産党、あるいは闇市との関係は、未だ詳らかになっていない部分が多いのである。

昭和二十七年十月、衆議院総選挙が行われた。共産党が「軍事方針」を採り始めてから初の国政選挙である。

三年前の衆院選で三十五議席・約三百万票を獲得した日本共産党は——。

百七名の候補者を立て、一人も当選できなかった。「ゼロ」である。得票数も九十万弱へと激減。文字通り惨敗であった。

国民が武装闘争をどう見ていたか明らかになった――という結果ではある。だが、逆にいえば、騒擾事件を起こしながらも九十万近い票を得ているということだ。

過激な主張や行動に走る政党は、今も昔も存在する。けれども、組織的かつ継続的に、暴力的手段をとり続けた政党は、この時期の日本共産党だけだろう。そうした暴挙の最中でも、約九十万票を得るあたり、共産党の「強さ」を感じるのである。

戦前期は「弾圧」のたびに再建し、近年ではソ連崩壊も、不利といわれた小選挙区制も乗り切った共産党。同じ「革新勢力」で、野党第一党であった社会党が、今や見る影もなくなっているのと対照的だ。火炎瓶を投げても殺人をやっても再起する共産党の底力は、目を見張るものがある。

「誰も信用できない」熾烈なる内部抗争

武装闘争を展開していた共産党は、内部でも闘争を繰り広げていた。

伊藤律と志田重男の権力闘争である。

昭和二十五年秋の徳田亡命以降、党指導部は主として伊藤と志田が動かしてきた。インテリの伊藤は非合法機関紙を担当し、労働者の志田は組織を担当。志田は「軍事方針」が決まるとキャップになり、各地の軍事組織を指揮下に置いた。党が武装闘争にのめり込み、「武力」の比重が高まると、志田の勢力もまた拡大していった。

他方、伊藤はつとにスパイ疑惑を囁かれ、女性問題も噂になっていた。徳田の引きで急速にのし上がったことへの反発もあり、敵が多かった。

志田も伊藤を嫌っていた。五全協の席上、志田は伊藤に言い放ったものだ。

「今こうして同席していても、やがて敵味方になるかも知れないぜ」

伊藤を敵扱いする物言いだった。

伊藤はその後北京へ渡り、徳田と合流。しかし、徳田が入院していた昭和二十七年末、同じく北京に来ていた野坂らの手で、スパイだとして査問・軟禁された。国内の志田とも連携した「陰謀」であったという。以後昭和五十五年まで、伊藤は大陸に幽閉されてしまうのである。

幽閉中の昭和二十八年九月、アカハタに伊藤の除名処分が発表され、続く十月には病気療養中だった徳田が死去。「敵」が失脚したことで、志田は党内の実権を握ったのである。

が、まだ「敵」の残党も残っていた。そのため志田は伊藤派の一掃を図った。伊藤の査問後「総点検運動」なるものを開始して、党内の「スパイ」や不純分子を次々と処分。その多くが伊藤一派と見られた。志田主流派は、その後も神山茂夫一派ら反対派の〝粛清〟を進め、党内の支配権を確立していった。

この間昭和二十八年四月には、吉田茂首相の「バカヤロー解散」による衆院選が行われ、共産党は一議席・得票数六十五万であった。得票数は前回よりさらに減らしたが、約一年半も武装闘争を続けている政党に、それでも投票した人々が――おふざけの票も一部あろうが――、六十五万もいたのである。

選挙の得票として見た場合、「六十五万」は確かに少ない。しかし、「暴力革命」支持者の数と見た場合――少ないどころか「こんなにいたのか！」と驚かざるを得ない数字ではないか。

当時の日本の人口は、約八千五百万である。そのうち百三十人に一人が「暴力革命」を〝是認〟していたかと思うと、空恐ろしい気分にさせられるのである。

ちなみにこの衆院選では、与党自由党が過半数を割った。すると選挙後、総評事務局長の高野実を中心として、「重光首班論」が浮上した。全革新政党が首班指名で第二党の改進党総裁・重光葵《しげみつまもる》に投票し、吉田政権の継続を阻止すべきだ、というものだ。共産党も同調し、政策協定案も出されたが、左右社会党の反対で頓挫。共産党も同調したことを自己批判するに至った。

ただ、共産党が、「保守」の重光にも乗ろうとした過去は、銘記しておくべきだろう。しかもこの頃は、まだ「暴力革命路線」である。つまり、武装闘争を展開する一方、保守とも組んで「与党入り」を図っていたということだ。「平和革命路線」の今日なら、より「柔軟に」、保守とも連携しようとするだろう。保守の側も同様で、政権を前に数合わせの必要が出てくれば、共産党とも手を握る公算大である。

さて、朝鮮戦争が停戦すると、もはや「後方攪乱」は不要となった。そこでソ連と中共は、日本共産党に戦術の転換と、組織の再編を求めてきた。昭和二十九年夏、ソ連は日本共産党に、第六回全国協議会（六全協）を開くことを命じてきた。その中身は「暴力革命路線」の清算と、「分派」との再統一、すなわち旧国際派の指導部入りである。

旧主流の所感派と旧反主流の国際派の新たな統一ということで、後者の幹部だった宮本顕治も指導部との接触を深めるようになった。宮本は復党後、党主流からは外されたままで、文芸活動に従事していたのである。

昭和二十九年十二月、宮本は時期衆院選の候補者として立つことが決定。翌昭和三十年一月一日付のアカハタには、武装闘争を自己批判する「一・一方針」が掲載された。

再統一が進む中、翌二月に総選挙が行われ、指導部との縁が戻った宮本顕治は東京一区から出馬した。このときある人物が、市ヶ谷で宮本の街頭演説を聴いている。創価学会会長になる前の、若き池田大作である。

池田以外に演説を聴く者はいなかったそうで、二十年後、両巨魁の間でこんな会話がなされている。

「聴衆は結局、最後まで私一人だったんです（笑い）」

「ほう、そうですか。これは驚いた。えらい人にきかれていたものですね（笑い）」

結果は――見事に落選であった。だが、この選挙を機に宮本は、「復権」を進めていくことになる。

共産党全体では二名が当選し、得票数は七十三万にとどまった。武装蜂起を止めても一般大衆の支持は戻らなかったのだ。

世間の目は冷たいままだったが――党組織の再編は進んだ。

被害者への謝罪も無い、支離滅裂な自己批判

三月十五日付のアカハタは、合法面の新指導部を発表。旧主流の所感派の春日正一《かすがしょういち》が議長となり、旧反主流の国際派の志賀義雄、宮本顕治も指導部に入った。昭和二十五年の分裂以来、五年ぶりに反主流の国際派が党中央へ復帰したのである。

そして七月二十七日から二十九日にかけて、代々木の党本部で六全協が開かれた。主要幹部はほとんど顔を並べたが、地下潜行中の志田、野坂らは出席しなかった。だが志田らは準備会議に参加して、六全協の筋書きを決めている。本当の実力者は未だ姿を見せなかったのである。

席上、徳田の死去が発表され、「五〇年分裂」を「全党の不統一と混乱」として総括した。旧国際派のみならず、旧主流派の責任も認めるものであった。また、復党していない全ての旧党員へ、党への復帰を呼び掛けた。

野坂を第一書記とする新体制も決まった。中央委員には野坂、志田、志賀、宮本らを選出。旧主流派を中心に選ばれてはいたが、旧国際派の面々も一定の人数が執行部へ入った。六全協とはつまるところ「旧主流派と旧反主流派の妥協」「志田と宮本の野合」といわれる所以である。

さらに、「暴力革命路線」をあらためて自己批判した。だが、その中身は、矛盾に満ちた「自己批判」であった。

六全協決議全文を読むと、

「党は戦術上でいくつかの大きな誤りを犯した。（中略）誤りのうちもっとも大きなものは極左冒険主義である」

「党中央はすでにこの一月、極左冒険主義的な戦術と闘争形態からはっきり手をきる決意をあきらかにした」

等々の字句が随所に見られる。なるほど「暴力革命路線」とは、決別したように感じられる。

しかし一方で、この決議は冒頭からして

「新しい綱領が採用されてから後に起こったいろいろのできごとと、党の経験は、綱領に示されているすべての規定が、完全に正しいことを実際に証明している」などと書き出されているのである。「暴力革命路線」の「五一年綱領」を、「完全に正しい」としているのだ。

志賀義雄が述べた「開会のことば」でも、

「『新綱領』の持つ画期的意義」

「この綱領を手にして以来、まさに三年九か月、わが党は確信と勇気にみちて、新綱領の実現にむかって、国民大衆とともに、全党をあげて奮闘してきました」

等々「五一年綱領」を自賛している。

つまり、「警官殺しも民家襲撃も騒擾事件も正しかったが戦術は誤っていた」ということだ。被害者に対する謝罪も無い、支離滅裂な「自己批判」なのである。

それでも党中央による「自己批判」は、武装闘争に関与した若者らに「六全協ショック」といわれる衝撃を与えた。

「自分たちのやってきたことは間違いだったのか」

という若者の苦悩は、いくつかの小説にも描かれている。

けれども、民家を襲撃し、子供にまで危害を加えるようなやり方が、本当に正しいと思っていたのか。「敵」たる警官殺しはやましくないのかもしれないが、遺族や友人たちの悲しみを、考えたことがあるのだろうか。仮に「革命の理想」が正しいとして、子供を殴らなければそれは実現できないものなのか。だとしたらそんな「理想」が正しいのか。

六全協でショックを受けた党員たちの苦しみは、確かに深かったのかもしれない。が、武装蜂起の被害者たちの苦しみは、それ以上に深かったであろう。被害者への謝罪も償いも一切無く、言葉の遊びのような文書を出したりそれに驚いたりするところに、この党と国民との意識のズレを感じるのである。

六全協から二週間が経った八月十一日、「六全協記念大演説会」が開催された。ここに潜行中の志田、野坂らが姿を見せた。揃いの背広を着た芝居がかった登場であった。これ以後六全協の方針を徹底させるため、各地で会議が招集された。

東京での会議は浅草公会堂で行われ、野坂、志田、宮本らが登壇した。この場にいたのちの政治評論家・森田実（当時東大生）によると、志田が登場した途端、場内には緊張感がみなぎり、静かになったという。役職上のトップは第一書記の野坂でも、真の実力者は志田だとみな知っていたのである。

〝最高実力者〟は
「党中央は自己批判する」

と叫んだが、その口ぶりにはお詫びの気持ちなど感じられなかったそうだ。

伊藤律の失脚後、党を牛耳ってきた志田重男――しかしその天下は、意外な形で、あっけなく終焉するのである。

第五章

宮本顕治は何をしたのか

志田重男の失脚と宮本顕治の天下獲り

六全協後、共産党以外の党でも再編が進んだ。昭和三十年十月には左右社会党が統一を果たし、十一月には保守合同が成って自由民主党が誕生した。のちに「五十五年体制」といわれる自民党・社会党を中心とする政治体制がスタートしたのである。

一方、共産党内部では、「暴力革命路線」を採った上層部に対し、責任追及の声が起き始めていた。

最も批判を受けたのは、軍事委員会の責任者だった志田重男である。志田は各地の会議に出席した際、しばしば非難の言葉を浴びせられ、無記名投票の地方幹部公選では、旧主流派が次々と落とされた。

一説によると、こうした突き上げの先頭に立っていたのは、旧国際派のメンバーだったという。宮本顕治が背後で焚き付けていたのであろうか。理論派が多かった旧国際派の面々は、論文などを通じても、旧主流派の追い落としを図っていたとの指摘もある。

轟々たる非難にいたたまれなくなったのか、志田は予期せぬ行動に出た。

六全協から半年後の昭和三十一年一月、突如として失踪したのである。

志田は前年十一月、過労で健康を害したとして休養を決定。十二月から三か月の休養に入ったが、幹部会との連絡は保っていた。だが新年を迎えると、家族にも行き先を告げず自宅を出て、そのまま行方不明になったのである。

四月、志田は所在不明のまま幹部会を解任された。そして九月に入り、驚くべき雑誌記事が出た。独自の「スクープ」を連発していた雑誌『真相』が、「志田重男はなぜ消えたか」との特集記事を組み、志田のそれまでの行状を暴露したのである。

その内容は——何と、五年前から、志田が待合で芸者遊びに興じていたというものだった。記事によると、「Pさん」なるあだ名を献上されていた志田は、五年前より駒込神明町の「お竹」という待合に出没。はじめは月に一、二度だったが、二年前から常連となり、一度来ると二、三日は居続けたというのである。

志田の散財は、五年間で数千万円に及ぶと推定され、「お竹」の女将が「Pさんのおかげで別館まで建てさせてもらった」と感謝するほどだった。

ちなみに「Pさん」の由来とは、名前を聞くと

「アババ、ピー」

などと言って誤魔化していたためであるという。

髭と眼鏡が印象的な「Pさん」を、女将も芸者も素性を知らずに歓迎していたが、やがてその正体を知る時が来た。

昨年八月の、六全協記念大演説会――。

このときの様子が、ニュース映画で流れたのだ。

そこには共産党の大幹部として、髭も眼鏡も無い「Pさん」がいた。お得意様の正体は、共産党の指導者だったのである。

志田が待合通いを始めた五年前といえば――「軍事方針」の始まった、昭和二十六年である。つまり、軍事委員長は、党員に武装蜂起を指令する一方で、ご自身は乱痴気騒ぎを繰り広げていたのである。結党以来、幹部の乱費が目立った共産党だが、ここまでの腐敗は後にも先にも類を見ない。コミンテルンから小遣いを貰って豪遊していた先輩たちが、いじましく見えるほどである。

『真相』の記事は党内外に反響を巻き起こし、行方知れずの志田は処分された。が、それは除名ではなく、「離党の確認」であった。志田問題をあまりつつくと、旧指導部の連帯責任等、厄介な問題が生じたからだと見る向きもある。

年末から翌三十二年にかけ、「志田新党」の噂が流れた。「志田派テーゼ」なる文書が全国的に送付され、〝地下〟から巻き返しを図ってきたと見られた。だが志田本人は姿を見せず、ついに昭和三十二年五月、武装闘争の最高責任者は除名されるに至った。

志田はその後「金井貞吉」との変名を名乗り、陰で分派活動を続けたが、除名十四年後の昭和四十六年、偽名のまま病死した。戦後の始まりから死去までの二十六年間、実に二十年を〝地下〟で過ごしたことになる。まさに共産党の暗部を象徴するような人物であった。

志田が「離党の確認」との処分を受けた昭和三十一年九月、旧主流派の臨時中央指導部議長・椎野悦郎も中央委員を罷免された。処分理由は地下活動時代の「女性問題」であったが、真の理由は他にあったとする見方もある。

志田は宮本と組んで六全協を推進したが、椎名は宮本の復権に反対していた。それが理由で椎名は「旧悪」を持ち出され、失脚したというのである。

椎名ものちに除名され、旧主流派はどんどん中枢から消えていく。そうなると、相対的に浮上するのが——。

旧国際派の重鎮・宮本顕治である。

戦後の日本共産党は、まず「府中組」が主導権を握った。次に徳田、野坂、志賀の「三頭政治」となり、続いて徳田の「家父長支配」となった。徳田の北京亡命後は伊藤・志田が国内を仕切り、伊藤の失脚後は志田が最高実力者となった。

そして、志田の転落後、宮本顕治の天下が始まるのである。

日本共産党を読み解く14人のキーマン

⑦ 志田重男

明治四十四年〜昭和四十六年

軍事委員長として各地の騒擾事件を指揮した

武装闘争の責任者だった志田重男は、明治四十四年に兵庫県で生まれた。生家は貧しく、小学校のときから旋盤工として働いていた。

十代後半で労働運動に身を投じ、共産党系労組の全協で活動。昭和六年、二十歳のときに共産党へ入党し、二年後に検挙。入党も逮捕も宮本顕治と同年である。しかし、スピード出世で指導部入りした宮本と違って、志田はまだ関西の若手オルグでしかなかった。

昭和十五年に出獄。だが翌年不穏分子として予防拘禁所に収容され、そこで徳田球一の知遇を得た。終戦前年、志田は転向して出所したとされるが、もちろん偽装転向であろう。ただ、実践活動などは行っていなかった様子だ。

　戦後、あらためて共産党に加わって、昭和二十二年第六回党大会で中央委員に就任。十四年前に指導部入りしていた宮本に並んだ。伊藤律が徳田の頭脳であり右腕なら、志田はオルグに長けた左腕として、頭角を現してきたのである。

「五十年分裂」後は地下に潜り、その後の四全協、五全協では「暴力革命」に向け主導的役割を果たした。いざ武装蜂起が始まると、軍事委員長として各地の騒擾事件を指揮。その裏で、待合で遊び呆けていたのは本文で触れた通りである。

　分裂後は同じ主流派の伊藤律を追い落とし、昭和三十年の六全協で宮本ら反主流派との再統一を推進。直後に〝地上〟へ復帰するが、半年も経たぬうちに姿を消し、「離党の確認」を経て除名となった。

　失踪後、一度だけ当局の事情聴取を受けるが、表には現れず、「鉄の戦線」なる組織をつくって分派活動を開始。だが〝同期〟の宮本顕治の壁は厚く、捲土重来には至らなかった。

　昭和四十八年春、毎日新聞のスクープで、志田の消息が明らかになった。「金井貞吉」を名乗っていた志田が、二年前、すでに死去していたというものであった。「金井」は長らく六畳一間の下宿に住み、来客は無く、手紙も電話もほとんど無

かった。仕事の方は、昭和三十六年頃からビル清掃会社に勤務。口のきき方が生意気で、周囲とよく揉めていた。一方で、

「俺が今に面倒みてやるからな」

などと会社で話していたという。革命の夢を捨てていなかったのだろうか。昔取った杵柄《きねづか》で、芸者あしらいも上手かったそうだ。無論、下宿先にも会社にも、「軍事委員長」だった過去は話していない。思想的な話はせず、「元陸軍少佐」などと称していた。

その後「金井」は胃癌となり、苦しみぬいた末、「目を大きく開き、一点を凝視したまま」息絶えた。多くの被害者・加害者を生み出したことへの反省は、最期まで無かったようである。

宮本が説く「武装奨励」の危険度

野坂を象徴的な代表に据え、志田と宮本が柱となった「六全協体制」も、前者の失踪・失脚により、長くは続かなかった。「ポスト六全協体制」は、人脈的には宮本顕治がリーダー格で、重要課題は「新綱領」であった。くだんの「五一年綱領」を破棄し、代わりの新綱領を起草しようというのである。

宮本を中心に草案が練られ、昭和三十二年七月、綱領と規約を一体化させた「党章」草案が発表された。これは綱領と規約を一括して「党章」とする、中共の形式に倣《なら》ったものだとされる。

その中身は米帝国主義と日本独占資本を「二つの敵」と規定し、まず人民民主主義革命によってこれらを打破、次に社会主義革命を行うという「二段階革命論」に立っていた。

この「党章」草案には異論も多く、特に学生グループの全学連は「初めから社会主義革命を目指すべきだ」と強硬に反対。彼らはやがて除名され、「過激派」と呼ばれる集団を結成することになる。

昭和三十三年七月に、第七回党大会が開催され、「五一年綱領」の廃止が決定。新たな〝綱領〟として「党章」草案が議題に上った。しかし反対の声なお強く、採択には至らず次期大会へ持ち越される運びとなる。宮本の手による〝綱領〟は、まだ日の目を見なかった。

だが人事面では宮本の思う通りとなった。書記長に就任し、名実ともに党組織の中心となったのだ。野坂は名誉職的な議長となり、実権は宮本が握る体制がスタートしたのである。また、この党大会において、宮本は注目すべき発言をしている。「革命への道すじ」と題された報告の中で、「暴力革命」の可能性に言及しているのである。

いわく――。

「どういう手段で革命が達成できるかは、最後的には敵の出方によってきめること」
「敵の出方が平和的な手段による革命達成を不可能にする場合を歴史的な可能性として考察することをおこたってはいけない」
「『平和革命必然論』は、今日の反動勢力の武力装置を過少評価して、反動勢力の出方がこの問題でしめる重要性について原則的な評価を怠っている一種の修正主義的な誤りにおちいるものである」

……いわゆる「敵の出方論」である。「暴力革命路線」の「五一年綱領」を破棄する一方で、「暴力革命」の余地は残しているのだ。

宮本は著書でも同様の主張を展開している。やや長いが、以下に当該箇所を原文のまま掲載する。

アメリカ帝国主義者が（日米安保条約の・筆者注）破棄通告を適法的にこばむことも、

またいすわることもできないと断定してしまう根拠もない。これらの場合も平和的移行の可能性を唯一の道として事実上必然視することは正しくない。革命の移行が平和的となるか、非平和的となるかは最後的には各国の歴史的具体的条件――反民族的反人民的勢力の出方いかんにかかるという二面性を考慮することは、わが国の革命を展望する場合にも必要である。

以上であきらかなように、マルクス・レーニン主義党としては、革命への移行が平和的な手段でおこなわれるように努力するが、それが平和的となるか非平和的となるかは結局敵の出方によるということは、国際共産主義運動の創造的成果としてマルクス・レーニン主義の革命論の重要原則の一つとなっている。

しかるに敵の出方をうんぬんすることは党中央の日和見主義とか、無定見であるとか攻撃し、当面の革命ではどの方法かをきめるのがマルクス・レーニン主義の精神であるとする見解があるが、これはまったくの誤りである。それは事実上このような二つの可能性の問題を真剣に考えず、平和的移行という一つの可能性だけしかみない見地に通じている日和見主義、修正主義にほかならない。

「敵の出方」にかかることを正しくみることは反動勢力の本質をつねにわれわれが誤認しないと同時に、それが本質的に反動側の歴史的責任にかかる点を明白にしているものである。

同時に、出たとこ勝負の無準備でなく、敵のあらゆる攻撃にたいしても不意打ちをくらわない警戒心の必要を不断に考慮せよという積極的な教訓にみちびく。

そして、それだからこそ、いっそう党と人民の陣列をつよめ、敵の抵抗を困難にする政治的包囲を完成するために奮闘しなければならない。それは、たんにつねに不意打ちをくらわぬように不断の警戒心で党と人民を武装し、まもるというだけでなく、平和的移行の条件をいっそうひろげる努力にも通じる。

反対に、最後的には「敵の出方」にかかることに反対する傾向こそ、事実上党と人民を安易な一面的な予想だけでなく、政治的組織的武装解除にみちびくものである。

闘争と団結の力によって平和的移行の可能性を拡大し、さらに成功するための努力を強調すると同時に、どのような「敵の出方」にたいしても対処しうるように油断しないことが革命党として正しい態度である。（『日本革命の展望』三一五～六頁・傍線筆者）

左派文献特有の、婉曲な言い回しをしているが、一言でいえば「敵の出方によっては暴力革命を行うから、油断せずに武装しておけ」ということだ。「暴力革命」を否定していないばかりか、「武装」の奨励までしているのである。

政府は現在も、この「敵の出方論」に立った「暴力革命」の方針に、変更は無いものと認識している旨明らかにしている。

これに対し共産党は、「敵の出方論」とは「暴力革命」を目指すものではないと主張している。

いわく――。

「日本共産党など統一戦線勢力が選挙で勝って政権についたとき、これに従わない勢力が暴挙に出た場合に、政府が取り締まることは憲法に基づく当然の権利である」(『赤旗』平成二十八年三月二十四日)

ということだそうだ。

しかし宮本は、「どういう手段で革命が達成できるかは」と述べている。政権獲得後に反乱分子を取り締まるといった話ではなく、「革命の手段として」、平和的な方法以外も考察しておけと説いているのだ。著書でも「革命の移行」と述べ、革命後でなく移行の過程の話として、「敵の出方論」を展開しているではないか。赤旗の主張はスリカエである。

それとも「二段階革命論」だから、第一段階の統一戦線政権までは平和に行くが、第二段階では――反対勢力を取り締まり、「社会主義革命」を強行するということなのか。だとしたら、「スリカエ」でなく「語るに落ちる」に訂正するが……。

ともあれ、スリカエに乗ったところで、暴挙を取り締まるのは確かに「当然の権利」である。だが、「不測の事態が起これば現行法で対処する」と言えばよい話だ。なぜ「敵の出方」

などという、意味深な表現を使うのか。「語弊」のある言い方だと知りつつ使用するとは、「敵の出方」なる四文字に、意義を感じているからではないか。その意義とはやはり「暴力革命の可能性」ではないか——「敵の出方」なる表現を撤回しない限り、「暴力革命を捨てていない」と勘繰られてもやむを得ないだろう。

さて、ここでいったん目を転じ、第七回党大会の頃の政局を見てみると——当時は岸信介政権であった。岸首相は安保条約改定を進めていたが、これに反対の声が沸き上がり、各所でデモが行われた。昭和三十五年の新条約採決後、反対運動はピークに達し、死者が出るほどの騒ぎとなった。

その結果、岸内閣は退陣へと追い込まれたのである。

共産党も反対派の一角を担ったが、主導権は握れなかった。共闘組織の「オブザーバー」に甘んじていた。政党では社会党が反対運動の先頭に立っていた。

翻《ひるがえ》って、五十五年後。平成二十七年——。

岸の孫・安倍晋三総理が安保法案の成立を図った。

これに対し、野党や学生らが反対運動を展開した。「六〇年安保」のときほどではないが、それなりの盛り上がりを見せていた。

この反対運動の主力となった政党は、社会党ではなかった。社会党はすでに無くなっていた。後身組織の社民党が、かろうじて反対派の脇役を演じていた。反対運動の主役を演じた政党は——共産党であった。五十五年の時を経て、主客は転倒したのである。百年近くも生き延びている共産党の生命力は、並大抵のものではない。

話を戻す。第七回党大会で未採択に終わった「党章」は、三年後に「綱領」として日の目を見ることになった。

昭和三十六年七月に開かれた第八回党大会で、「六一年綱領」が採択されたのである。これは「党章」草案の綱領部分が、あらためて「綱領」として認められたものであった。

平成十六年に全面改定されるまで、四十年以上も党の指針であり続けたこの綱領は、「党章」のままに「二つの敵」と「二段階革命論」が眼目であった。

時あたかも池田勇人内閣の高度成長時代で、企業は大小こぞって坂の上の雲を追っていた。日米関係も良好であった。しかし、我が道を行くこの党は、大企業もアメリカも敵視していたのである。

党大会直前、新綱領反対派は除名された。新たに中央委員・中央委員候補を増員し、宮本は組織も路線も手中に収めることになったのである。

日本共産党を読み解く14人のキーマン

⑧

宮本顕治

明治四十一年〜平成十九年

まさに徳川家康、用心深く邪魔ものをうまくのけていく男

宮本顕治は徳川家康になぞらえられる。例えば作家の臼井吉見《うすいよしみ》は、宮本との対談の中で、こう切り出している。

「宮本さんを徳川家康だという人があるんです」

「え？　いやいや……」

「いや、あるんですよ。ジッと用心深く計算して、邪魔ものをうまくのけていく、というんですね（笑）。それは政治家として、しかも大政党をマネージする人に必要な資質であり、条件だと思うけれど」

言い得て妙の評である。宮本ほど用心深く執念深くライバルを斥け、〝権力〟を掴んでいった政治家も稀だろう。

明治四十一年、宮本は山口県で誕生した。伊藤博文から安倍晋三まで八人の総理を輩出してきたこの県は、保守王国として名高い。その一方、野坂参三、志賀義雄、市川正一、神山茂夫、そして宮本を生み出した、「左翼王国」でもある。政治的に肥沃の土地なのだ。

文学と柔道に凝っていた宮本は、中学時代に家産が傾いたことをきっかけに、社会主義に接近。東大進学後は左派団体に加入した。

他方、文学へも没頭し、二年時には芥川龍之介を論じた「敗北の文学」を執筆。『改造』の懸賞論文で一等をとった。二等が小林秀雄の『様々なる意匠』であったことはあまりにも有名である。

この入賞を機に共産党との接触を深めた宮本は、大学卒業直後に入党。プロレタリア作家同盟にも加盟した。そこで作家の中条百合子と知り合い、やがて結婚することになる。

入党二年後、宮本は二十四歳で、早くも中央委員となった。逮捕者が続出し、人材難だったせいである。このとき学生時代に打ち込んでいた柔道を「生かし」、あのリンチ事件を起こすのである。

検挙された宮本は、終戦までの十二年、非転向を貫徹。この〝輝かしい実績〟は、宮本を「カリスマ的指導者」にまで押し上げた。

ただ、不審な点もある。獄中の宮本は、妻から大量の差し入れを受けるなど、不自然な特別待遇を受けているのだ。そのため宮本を「ニセ非転向のスパイ」と見る向きもある。だとしたら共産党史、いや戦後史が覆るような話だが、決定的な証拠は無い。が、同じ非転向の袴田里見が制限だらけの逆境だったことに比べると、『資本論』まで読めた宮本の厚遇は、確かに解せない面がある。さらに宮本には、出所時に手心を加えられ、優先的に出てきたとの疑惑もある。

本文中で見たように、出獄後の宮本は、「鳴くまで待とう不如帰《ほととぎす》」さながらに、長い反主流派生活を経て〝独裁者〟へとのし上がる。

その過程で当局との〝連携〟はあったのだろうか。「自主独立路線」など、まさに政府の思惑通りと思えるが、よもや、意を受けて——と、疑い出せばきりがない点でも、宮本は共産党を体現している。

宮本による「赤旗」の大躍進と「自主独立路線」

ここで、機関紙の「赤旗」に目を向けたい。というのも、赤旗の拡張、それに伴う党財政の安定化こそ、宮本顕治最大の功績であるからだ。

六全協の頃、赤旗の発行部数は数万程度にすぎなかった。治安当局の購読が、経営を助けていたとさえいわれていた。

党の実権を握った宮本は、この伸び悩んでいた機関紙のテコ入れを図った。党勢拡大のカギは赤旗にあると見たのである。

そこで昭和三十四年、「日曜版」の発行を企て、三月一日号より日曜版を発刊。同年十一月には第一回アカハタ祭りを開催し、二万人を集めた。さらには頁数の増加も実現させた。

発行部数も順調に増えていき、昭和三十九年の第九回党大会では本紙二十万弱・日曜版六十万まで激増。二年後の第十回党大会では本紙が三十万部、日曜版は百万部を突破した。そして昭和五十年代に入ると本紙・日曜版あわせて三百万部を超え、同五十五年に三百五十五万部というピークを迎えるのである。

共産党は自民党並みの資金力を持っている。平成二十六年分の党本部の収入は、首位の自民と僅差の約二二五億円だ。その収入源は機関紙、党費、カンパの三本柱だが、中でも大黒柱は赤旗で、実に収入の約九割に及んでいるのである。

資金が潤沢ということは、選挙に有利というだけではない。政党には議員以外も人がいる。職員がいて、秘書がいる。これらの人々の生活も、赤旗が支えているということだ。派手な活動ばかりに目を向けず、地道に機関紙を育て上げ、政権政党並みの資金力を得る——宮本顕治の先見性と政党人としての力量には、舌を巻かざるを得ないのである。

ときに宮本が着々と独裁体制を固めていた頃、海外では〝本家筋〟同士が揉めていた。中ソ論争である。

昭和二十八年、〝偉大な指導者〟スターリンが死去した。すると三年後、ソ連共産党第一書記のフルシチョフがスターリンを批判。さらにフルシチョフはアメリカとの平和共存路線に転換し、反発する中共との間に対立が生じたのである。

日本共産党は中ソ論争に関し、しばらくの間沈黙を保っていた。しかし、中ソの対立が深まるにつれ、意思表示せざるを得なくなり、幹部間でこの問題を討議。ソ連支持、中共支持、不介入の意見が出た。その結果、「中共寄り不介入」との立場を採った。

だが昭和三十八年に、米英ソによる部分的核実験停止条約が調印されると、様相が変わってくる。

三カ国の核独占に対し、中共は猛反発。日本共産党も同条約不支持の声明を出し、中共傾斜を深めたのだ。

ところが翌三十九年、同条約の批准《ひじゅん》に際し、衆議院議員の志賀義雄が党議に反し賛成する。

志賀は直後に除名され、神山茂夫ら他のソ連派も一掃されてしまうのである。

それのみか、中共との「蜜月」も、長くは続かなかった。

昭和四十一年に、宮本を団長とする使節団が北ベトナム、北朝鮮、中共を歴訪した。訪問目的はベトナム戦争問題等の意見交換であったが、最後に回った中共で、思わぬ事態が起きたのである。

日中共産党の会談により、「共同コミュニケ」を出すことが決まった。が、土壇場で毛沢東が宮本に、

「日本も暴力革命方式を採るべきだ」

と迫ったのだ。

「平和革命論者」の宮本はこれを拒否、中共と決裂するのである。当然ながら中共派の党員は除名され、日本共産党は「自主独立路線」を歩み始めるのである。

ここでまた、赤旗に目を向けたい。この機関紙あってこそ、「自主独立」へ踏み切れたと思えるからだ。

日本共産党はそもそもコミンテルンの支部として創立された。つまり、ソ連の支配下で結成された党だ。事実、戦前の指導部は、コミンテルンの承認を得て発足した。

日本共産党が本家から貰っていたのは「お墨付き」だけではなかった。資金もまた貰っていた。シンパによるカンパも重要ではあったが、コミンテルンの資金提供こそが「定収入」

であった。その金をめぐって様々な不祥事が起きたのも見てきた通りだ。

戦後はソ連が指導するコミンフォルムに振り回された。党の分裂騒ぎを起こし、武装闘争にも走った。それらを収拾する六全協も、ソ連の肝煎りで開かれた。

中共の影響も強かった。分裂も武装闘争も六全協も、ソ連と並び中共の影響下で行われたものだ。その後の「党章」草案も、中共の様式を採用したものだった。

これほどまでにソ連と中共とに翻弄されていた日本共産党が、なぜ両国と断絶し、「自主独立路線」を採ることができたのか？

やはり、最大の理由は、赤旗の伸長による資金力の増大であろう。既述の如く、中ソ論争から「自主独立」の時期にかけ、赤旗は爆発的に増加していた。六全協当時数万だった発行部数は、中共と決裂した頃には日曜版含め百数十万部に達していた。この赤旗の急伸と、それに伴う党財政の安定が、「自主独立」を可能にしたということだ。

昭和初期、地下のガリ版刷りで始まった機関紙が、独り立ちの武器となるまで成長するとは——いったい誰が想像し得たであろう。それを成し遂げた宮本顕治の手腕には、やはり、瞠目《どうもく》せざるを得ないのである。

⑨

明治三十四年〜平成元年

志賀義雄

共産党初代代議士。終戦までの18年間、獄中非転向を貫いた

「獄中十八年」の志賀義雄は北九州の生まれだが、育ったのは宮本や野坂と同じ山口県である。雑誌の風刺画を見たせいで、小学生の頃から伊藤博文らに反感を抱き、「人民を圧迫する存在」と見ていたという。子供の頃より「革命家」であったのだ。

中学時代は米騒動に加わり、フランス革命の書を愛読。一高から東大へ進学し、学生運動を経て共産党に入党する。大学卒業直後、堺利彦の許を訪れ、次の如く決意表明をした。

「これから一生、日本の革命運動のために働くつもりです」

「そうかね、これからは志賀君のような若い元気な人がしっかりやってくれなければならぬ」

堺は励まし、

「日本人は島国に住み、理論的、政治的にも遅れがちだった。君のような人が取り返してくれたまえ」

と続けた。

初代委員長の期待通り、志賀は理論家として歩み始めた。雑誌『マルクス主義』を拠点に論陣を張り、労働者を相手に講義も行った。マルクスやレーニンの文献を、英語や独語で読破して、若手理論家として注目を浴びていた。

が、福本和夫には歯が立たず、「福本イズム」に追随した。後年志賀はその当時を振り返り、ばつが悪そうに「幻惑された」と語っているが、単に福本ほど勉強していなかっただけだろう。志賀は三・一五の検挙の際、蔵書二千冊を押収されたが、福本の方は数万である。これでは勝負になるはずがない。

三・一五事件で逮捕された志賀は、そのまま終戦までの十八年、獄中非転向を貫いた。〝戦後〟に備え健康を重んじ、食事はよく噛んで食べた。便所掃除をしていた雑役が、「志賀や徳田は糞まで違う」と感心したとのエピソードが残る。

戦後になって釈放されると、同じく「獄中十八年」の徳田球一と共に、志賀は党の再建をリードした。戦後第一回目の総選挙では、大阪一区から当選し、共産党初の衆議院議員となっている。

だが、伊藤律を重用する徳田と次第に疎隔。〝ソ連派〟だったこともあり、コミンフォルム批判の折は国際派を形成した。袴田里見によれば、志賀は批判前から「今に来るよ、来るよ」と触れ回っていたという。嵐の到来を事前に知っていたのであろうか。

その後主流派へと移り、議長を務めた六全協では中央委員に就任する。だが昭和三十九年、党議に反し部分的核実験停止条約に賛成し、直後に除名。志賀は「日本のこえ」を結成したが、尻すぼみに終わった。堺に示した決意通り、革命に費やした一生であった。

人材育成を怠った社会党の凋落を尻目に

六全協で武装闘争を自己批判した後も、共産党の選挙結果は芳しくなかった。衆院選のデータで見ると——。

昭和三十三年総選挙では一議席、得票数約百一万。

昭和三十五年総選挙では三議席、得票数約百十六万。

得票数は百万を超えたが、「軍事方針」前に得た、約二百九十八万にはほど遠い。「やや警戒心を解かれてきた」という程度の印象だ。

だが、昭和三十八年総選挙になると、少し変化が見られる。得票数は前回の約五割増し、約百六十五万へと増加。当選者は五人だが、かなりの復調傾向といってよかろう。「冬の時代」ではあるけれど、やや温度が上がってきたというところだろうか。

昭和四十二年総選挙でも、当選者は同じく五人であったが、得票数は約二百十九万へと伸びた。依然、「春」は訪れていないが、一部の地域で雪がとけ始め、大地が見え始めたかのようである。

そして昭和四十四年、「春」が来た。この年師走の総選挙において、一挙に三倍近くの十四議席へ躍進したのだ。得票数に至っては、武装闘争前を抜く、約三百二十万票を獲得したのである。これ以後平成十五年の総選挙まで、共産党は二桁の議席を獲得し続けることになる。

通常、この選挙は田中角栄がらみで語られることが多い。佐藤栄作内閣のもとで幹事長を務めていた角栄が、子飼いの新人を当選させ、次期首相へ向け勢力を拡大したからだ。その子飼いの新人たち――小沢一郎、羽田孜、梶山静六らは、田中政権樹立へ奔走し、その後も政界で重きをなした。だが反対側から見てみると、共産党が「表舞台」に躍り出た選挙であったのだ。

ちなみに同じ「革新」陣営からは、のちに社会党委員長となる土井たか子が初当選し、土井と同じ兵庫二区では小池百合子都知事の父・勇二郎が無所属で苦杯をなめている。色々な意味で目を引く選挙だったのである。

話を戻すと、共産党が右肩上がりで得票を増やした原因は、様々なものが挙げられるであろう。

一つには、時間の経過とともに、武装蜂起の記憶が薄れていったこと。

人の噂も七十五日。かつては「共産党は怖い」「何をするかわからない」と恐れていた人々が、五年、十年と経つにつれ、記憶を風化させていったということだ。世代交代が進み、武装闘争時代を知らない人々が増えてきたということもあるだろう。

一つには、赤旗の拡張に象徴される、地道な党活動が奏功したこと。

繰り返し述べてきたように、昭和三十年代後半あたりから、赤旗の部数は激増した。赤旗によって共産党を知る。赤旗配達人によって共産党員を知る。あるいは系列の民商が、税務や融資の相談を引き受ける。こうした日常の積み重ねが、選挙の得票増につながったということだ。この種の「急がば回れ」方式は、共産党の真骨頂である。

加えて経済成長による、社会構造の変化もあるだろう。

日本は昭和三十年前後より、高度成長時代に突入した。池田内閣の「所得倍増計画」によってその勢いはさらに加速。都市に人口が流入し、地方から東京へ「金のタマゴ」たちがやってきた。集団就職に象徴される、地方から都市への移住者は、人と人とのつながりに乏しい。都会に知人が少ない。共産党はそうした人々に、学生組織の民青など様々な「場」を提供し、着実に得票を伸ばしてきたということだ。高度成長を主導したのは自民党政府であったが、共産党もまた「脇役」として、その流れに加わっていたのである。

他方、共産党とは対照的に、昭和四十四年の総選挙から、社会党の「長期低落傾向」が本格化していく。

左右統一後、初の総選挙である昭和三十三年衆院選では、社会党は百六十六議席を獲得している。その後、西尾末広ら右派が離党し民社党を結成してからも、百四十議席以上を保っていた。

ところが昭和四十四年総選挙において、九十議席という、五十議席減の大惨敗。それ以後増減を繰り返していくが、四十四年以前の数字に戻ることはなく、ついには消滅してしまうのである。

労組依存、内紛体質、日常活動の不足……社会党の凋落にも様々な原因があるだろう。中でも「人材育成」の観点が欠けていたことは、この党の衰亡を助長したと思われる。

例えば自民党の場合、各派に一応は「後継者」がいて、その者に場数を踏ませるという傾向がある。この昭和四十四年当時首相だった佐藤栄作や、「次」を狙っていた田中角栄や福田赳夫は、それぞれ若年より「ホープ」と見られ、事実、経験を積み頂上へと登った。こういう「人を育てる」体質が、自民党が長期に渡って政権を維持してきた一因であろう。次世代、いや次々世代くらいまで人材がいるのだ。

しかし、社会党にはそうした「美風」が無かった。それどころか左右各派が内紛を繰り返し、人材を潰し合っていた。内部抗争の果てに「妥協の産物」の如き人事が行われたケースも目立つ。

江田三郎《えださぶろう》が人気になると排除する、横浜市長の飛鳥田一雄《あすかたいちお》を委員長に据える、女性だからと土井たか子を党の顔にする……感情的かつ場当たり的な人事が横行し、党として誰かを盛り立てる、という視点が無い。強いていえば、いずれも書記長・委員長を歴任した成田知巳《なりたともみ》と石橋政嗣《いしばしまさし》くらいであろう。「育った」といえなくもないのは。

誰かが目立つと追い落とし、奇をてらって満足し、若手は育たず総評上がりばかりが増殖していく……これでは消え去るのも当然だ、と思えてしまう。

自共対決の幕開け

その点共産党は、いや宮本は、手足となる人材の育成を怠らなかった。

まず、旧主流派から岡正芳《おかまさよし》、西沢富夫《にしざわとみお》らを抜擢。岡は元徳田球一秘書だが、宮本ともに「六一年綱領」起草にあたり、たちまち幹部へのし上がった。武装闘争に関与した旧志田派の西沢は、語学に堪能な点を買われ、これまたスピード出世した。

ただ、記した如く、岡や西沢は旧主流派である。田中角栄における小沢一郎のような、完全な子飼いというわけではない。執念深い宮本は、時折「過去」を思い出し、彼らに心許せぬ部分を抱いていたであろう。

信用しきれる自前のスタッフが欲しくなったのか、やがて宮本は「党官僚」といわれた一群の若手を登用し始める。その代表が不破哲三、上田耕一郎《うえだこういちろう》兄弟である。さらには弁護士の松本善明《まつもとぜんめい》や、国鉄出身の金子満広《かねこみつひろ》など、一般にもお馴染みのメンバーが宮本によって取り立てられていったのである。

中でも不破の台頭は耳目を集めた。この理論に優れた秀才は、昭和三十九年に党の専従職員となり、四十四年の衆院選で初当選。翌年開かれた第十一回党大会で、新設の書記局長に就任し、「共産党のプリンス」として「ソフトイメージ」を広めていくのである。

抜擢劇の直前、宮本は政治評論家の俵孝太郎に対し、次のように語ったという。

「これからの共産党の幹部は、獄中何年とか、党歴何十年とかで決めるべきじゃない。いますぐ例えば大蔵省の局長、外務省の局長がつとまるか、大企業の重役としてマネジメントをやってのけられるか、そういう能力だけを基準にして選ぶべきなんだ」

方針を決める「政治家」は俺一人でいい。俺の指令を上手くこなす「官僚」が欲しい——という〝独裁者〟の本音が現れた台詞だ。狙い通り、不破は〝局長〟として宮本を支え、さらには国会やテレビ討論でも活躍することになる。

第十一回党大会では組織の改編がなされ、不破以外でも人事の変動が見られた。宮本は新設の委員長に就き、袴田里見と岡正芳が副委員長に就任。野坂は引き続き議長であった。もちろん実権は宮本にある、というより、宮本支配を強化するための新体制である。

また、この党大会では、「統一戦線の結成と民主連合政府の樹立」を「一九七〇年代のできるだけおそくない時期に達成しようということ」が強調された。このように、今の「国民連合政府」以前から、何度も「野党連合」を模索しているのである。

不破を前面に出しイメージチェンジを図った共産党だが、この頃自民党でも変化が起きている。

昭和四十七年七月、長期に渡った佐藤内閣が退陣し、田中角栄内閣が成立したのである。佐藤は官僚色が濃く、かねて人気の無い政治家であった。その〝不人気政治家〟の後、一転して〝庶民宰相〟が登場したことで、「今太閤ブーム」が沸騰。就任早々「日中国交正常化」を成し遂げた角栄は、余勢を駆って衆議院を解散し、十二月に総選挙が行われた。

その結果——自民党は振るわなかった。公認候補の当選二百七十一名と、前回より十七名も減らした。

「勝った」のは、共産党であった。何と二十四議席も増やし、三十八議席を獲得した。得票数も二百三十万票増やし、五百五十万票を得た。得票率は初めて一〇％を突破し、一〇・五％に達した。投票者の十人に一人以上が、共産党へ投票したのである。

この昭和四十七年七月に、日本共産党は創立五十周年を迎えていた。記念すべき節目の年に、かつてない飛躍を遂げたのである。不破哲三に代表される、「ソフト路線」の成果であった。

自民党副総裁だった川島正次郎《かわしましょうじろう》は、「一九七〇年代は自共対決の時代となる」と予測していた。「政界は一寸先は闇」との名言で知られる川島は、「選挙の神様」である。〝神様のお告げ〟は正しかったのだ。

ところで共産党が伸びた昭和四十年代は、「革新自治体」が続々と誕生して注目を集めた。東京都知事の美濃部亮吉《みのべりょうきち》、大阪府知事の黒田了一《くろだりょういち》……これらの革新系首長は、社共の支援を軸に当選した。のちに自民党代議士を経て新党さきがけ代表となる武村正義も、革新系候補として滋賀県知事に当選している。国会でも地方でも、共産党勢力が伸長した時代だったのである。

⑩

昭和五年〜

不破哲三

「最後のカリスマ」の知能指数は高すぎて測定不能

日本の政治史上、一番の秀才は誰であろうか。宮沢喜一、岸信介、若槻礼次郎……様々な名前が浮かんでくるが、不破哲三も有力候補の一人だろう。

「知能指数は高すぎて測定不能」「小学生にして百五十枚の小説を書いた」等々秀才エピソードには事欠かない。中学時代の数学教師は「ノーベル賞をとる男」と期待したほどである。

不破は昭和五年東京に生まれた。本名は上田建二郎である。父の庄三郎は「上庄」と呼ばれた著名な教育評論家で、著書も多くパチンコと島倉千代子が大好きだったそうだ。兄の耕一郎は共産党副委員長としてつとに有名である。

不破は俊秀が集う一高に入学し、ここでも抜群の成績を収めた。しかし在学中に共産党へ入党し、その才能は専ら政治へ向けられることになる。不破の頭脳を知る人の多くが、共産党に入ったことを残念がったという。実際、物理学者にでもなっていれば、もっと世のため人のために貢献できたかもしれない。

のちの夫人と知り合ったのも高校時代だ。彼女も共産党員として活動していた女性だが、なれそめは「横恋慕」であったとの話もある。夫人も才女として知られ、夫の選挙や女性運動などで活躍を見せている。

一高卒業後、東大理学部を経て鉄鋼労連に就職。その際共産党員とは伝えていなかったため、党機関誌掲載の論文ではペンネームを名乗った。「不破哲三」の誕生である。その由来は諸説あるが、本人いわく「実家近くにあった『不破建設』という会社と、鉄鋼労連の『鉄』をもじった」とのことだ。

昭和三十九年に党職員となり、政策委員会所属の若手理論家として頭角を現した。四十四年に衆議院初当選。その際宮本顕治が「見ていてください……こいつ、十人分の働きをするから」と歓喜したと伝えられる。直後に書記局長へと抜擢され、「代々木のプリンス」との異名をとった。

不破は宮本の期待通りの活躍を見せ、佐藤栄作や田中角栄といった歴代首相と白熱の論戦を展開した。何よりその柔和な風貌と語り口によって、「ソフトイメージ」を作り出した功績は大きい。「暴力革命」「地下で何か企んでいる」といった共産党の暗い印象が変わり出したのは、不破の登場以降である。

昭和五十七年委員長へ昇進し、平成十二年には議長に就任。十五年に議員を引退するが、十六年の綱領改定では主導的役割を果たした。十八年には議長も退いたが、「最後のカリスマ」として現在も影響力を持っている。

日本共産党を読み解く14人のキーマン

⑪

昭和二年～平成二十年

上田耕一郎

不破哲三の実兄。信義に厚く他党からも評価された

不破哲三の実兄。弟と並び秀才で知られるが、党内外での人望は、この兄の方が圧倒していた。

酒好きの上田はしばしば下部党員と酒席を共にし、時にきわどい冗談を飛ばす。他党議員とも雑談をするし、離党者の話も無視はしないできちんと聞く。弟には無いこうした社交性は「上耕人気」を生み、党内のパーティーでは宮本、不破より上田の周囲に人が集まったという。

〝人気〟が出世の妨げになったと見る向きもある。元共産党員で、上田を「彼は信義を守る人で、共産党に入れておくのは実に惜しい」と評価する読売新聞主筆・渡辺恒雄は、次のように喝破している。

「そういうふうに外部から評価されているから、彼はトップになれない」。

自民党の場合、国民的人気が高ければ、党内人気が乏しくても総裁になれる。たとえ嫌いな奴であろうと、〝選挙の顔〟として推す知恵と度量がある。橋本龍太郎や小泉純一郎はその例だ。

しかし、渡辺の言う通り、その人気がかえって上層部――宮本顕治――の違和感を招き、上田がトップになれなかったのだとしたら――共産党なる組織のいびつさ、そして選挙軽視の姿勢が窺える話だ。

昭和二年生まれの上田は、不破と同じく一高・東大のエリートコースを歩んだ。哲学書を耽読する学生であったが、やがてマルクス主義文献を読み始め、一高時代に共産党へ入党。校内に共産党組織をつくった。しばらくしてそこに弟も加わることになる。

東大でも共産党運動を始めたが、入学数か月で結核にかかり病気療養。その後約五年間、可能な範囲で党活動を手伝いながら、マルクス関連の読書に集中した。

卒業後は中野区の区内紙の記者となり、二十九歳で処女作『戦後革命論争史』を上梓。理論家としての第一歩を踏んだが、この書は宮本を批判した箇所があり、のちに絶版されることになる。

宮本肝煎りの「党章」草案に対しても、上田は反対の立場をとった。だが新綱領設定の第八回党大会を前に、宮本主流派へ〝転向〟。変心の理由を「勘弁してください」と濁していた上田だが、宮本体制の確立を見て、〝出世〟を図ったということだろうか。

その後、昭和三十九年に不破と共に党本部入り。政策委員長、赤旗編集局長を経て参院議員となり、創共協定では党を代表して署名した。五十一年には副委員長に就任し、テレビ討論などでも活躍。絵心もあり、区内紙記者時代は連載マンガを描くほどの腕前だったという。

第六章
共産党はどこへ行く

立花論文と〝反共攻撃〟

衆院選で大躍進を遂げた共産党――しかし、これまでの党史でわかるように、好調をあまり維持できないのもこの党の伝統である。「革命勢力」が増えたことで、「反共」陣営の警戒感もつのった。

まず昭和四十八年、自民党が「自由社会を守れ」なるキャンペーンに着手。呼応したのか知らないが、保守、右派から「反共本」が何冊も出た。

続く四十九年、「反共革新の雄」・民社党委員長の春日一幸《かすがいっこう》が、毎日新聞のインタビューで「宮本顕治のリンチ事件」に言及した。

これに激怒した共産党側は

「あれは死んだ小畑の異常体質によるショック死であって、リンチで死んだのではない」

と反論。春日と共産党の間で「論争」が起こった。

さらには昭和五十年十二月、文芸春秋が『日本共産党の研究』の連載を開始。立花隆によるこの論文は、戦前の共産党史を客観的かつ詳細に綴った作品で、いわゆる「反共モノ」ではない。皮肉や辛辣な表現はあるものの、学者も認める冷静な名著だ。が、リンチ事件を徹底的に暴いたことで、共産党のみならず一般国民にも衝撃を与えた。

立花論文が出た翌昭和五十一年一月、春日が今度は衆議院の代表質問で、リンチ事件を取り上げた。国会の場で、宮本の〝過去〟が問題にされたのである。

慌てた共産党は専門チームを組織して、「反共攻撃」への対策を練った。が、有効な手立ては打てなかった。それどころかチームの一員だった兵本達吉は、同じくメンバーだった労働者上がりの党員と、次のようなやりとりをしたという。

「小畑なんてスパイだ。あんな奴は殺ってもかまわないんだ」

「エッ、やっぱり殺ってしまったのですか？」

周囲は全員黙り込み、「やっぱり」と言ってしまった兵本は、後で説教されたそうだ。

結局、防戦一方だった共産党は、その年師走の総選挙において、二十一名減の十七議席へ転落。前回とは打って変わって惨敗を喫するのである。

また、リンチ事件の再燃は、袴田里見の除名という結果も招いた。

不破ら若手の台頭以来、袴田と宮本の関係は冷却化。リンチ事件が蒸し返されると、袴田の過去の供述や、著書がやり玉に挙げられた。総選挙敗北の責任をめぐり、両者の対立は決定的となり、昭和五十二年十二月、戦前以来の大幹部は党を追い出されてしまうのである。

しかし、袴田も黙って引き下がる男ではない。メディアでリンチの現場を赤裸々に語り、「専属コックを引き連れている」「別荘好き」等々宮本の私生活も暴露した。付言すれば、宮本は服飾も食事も一流志向で、共産党内は党の序列で食事の内容も違うらしい。

〝逆襲〟を受けた共産党も、赤旗その他で袴田を批判。が、お互い人格批判と党運営批判ばかりで、理論や政策はまともに「議論」されなかった。理論重視の党であろうと、所詮、それは二の次以下だという証左である。

共産党と創価学会とのあぶない〝関係〟

さて――前出の「人材育成を怠った社会党を尻目に」の項において、共産党が伸びた理由の一つに「高度成長による社会構造の変化」を挙げた。地方から都市へやってきた人々を、共産党は上手く掴んだということだ。

だが、ひょっとしたら共産党以上に、「出稼ぎ者」たちを取り込んだ団体がある。

創価学会である。

かの有名な、民青の勧誘――「歌って踊って恋をして」――に代表される如く、共産党は地方出身者に〝仲間〟を提供して支持を増やした。

等しく創価学会は、座談会を通じて〝仲間〟を与え、地方出身者を吸収した。そして共産党を上回るペースで伸びていった。

六全協のあった昭和三十年、統一地方選で五十名以上の学会員が当選。学会は政界へと踏み出した。

翌三十一年参院選で国政にも進出し、三名の会員が議席を得た。三十六年には「公明政治連盟」を結成し、さらに三十九年に「公明党」を結党。四十二年の総選挙で一挙二十五名を当選させ、衆議院にも進出した。共産党を凌駕する勢いで、政界での地歩を固めていったのだ。

いずれも思想や教義でなく、人と人とのつながりの中で伸長してきた両団体は、地方出身者という〝ターゲット〟が被った。だから仲が悪かった。それが端的に表れたのが「言論出版妨害事件」である。

昭和四十四年、藤原弘達《ふじわらひろたつ》の『創価学会を斬る』、内藤国夫《ないとうくにお》の『公明党の素顔』という二冊の本が出版されたが、その過程で公明党・創価学会が圧力をかけていたことが発覚した。どちらも批判的な内容だったため、出版を揉み消そうとしたのである。

しかも自民党幹事長だった田中角栄までが「おせっかい」との立場でこれに加担。藤原を料亭に呼び出して、出版を見合わせるよう頭を下げた。

「おせっかい」と称する暴挙の理由は、もとより選挙対策と、国会対策である。自民党の補完勢力となりうる公明党に恩を着せ、選挙や法案成立における裏の支援を期待したということだ。

事実、角栄はこの件で、創価学会に決定的な貸しをつくり、田中派と公明党の蜜月関係が続くようになる。現在の自公連立の源流の一つが、この「おせっかい」である。

学会を恐れたメディアが事件を報じない中、赤旗は連日この件を取り上げた。共産党は国会でもこの問題を取り上げ、民社党も同調。創価学会は追い込まれ、昭和四十五年五月三日、会長の池田大作が「政教分離」を宣言するに至った。

しかし、創価学会も甘い組織ではない。とりわけ池田大作は、裏の裏、そのまた裏まであるような男である。リンチ事件が問題にされた共産党の時と同様に、密かに対策チームをつくって反撃を図った。

その結果、学会批判の先頭に立っていた共産党のボス・宮本顕治の自宅を盗聴するという手段に出た。「政教分離宣言」をした昭和四十五年五月から約三か月、学会の〝裏部隊〟が暗躍し、宮本宅を盗聴するのである。

発信器の不調により盗聴が発覚し、共産党は告訴。事件は迷宮入りしてしまったが、十年後、内部告発によって学会の仕業と明らかになった。学会は他にも批判者らへの盗聴・尾行を繰り返していたという。

一方共産党側も、学会の会合に潜入し、幹部の発言を録音して暴露。互いにスパイまがいの「作戦」を展開し、血みどろの争いを繰り広げていたのである。

ところが昭和四十九年末、敵対していた両者が突如として手を握った。作家・松本清張の仲立ちで、「創共協定」が結ばれたのである。

宮本顕治とも池田大作とも親しかった松本は、「両者の隔意ない懇談を実現させたい」と考えていた。そこで、松本の立ち合いの下、共産党幹部の上田耕一郎、学会幹部の野崎勲《のざきいさお》らが会合を重ね、相互不可侵の「十年協定」を締結。直後に宮本・池田会談が実現したのである。

この協定は伏せられていたが、翌五十年七月八日、読売新聞にスクープされ、世間をアッと驚かせた。

七月十二日には宮本・池田の「公式会談」が行われ、
池田「いつもテレビで、あなたの活躍を拝見しています。お元気そうで、なによりです」

宮本「あなたこそ、精力的に、外国にもお出かけになっているのに、ちっとも、おつかれの様子はありませんね」

と、見え透いたお世辞を述べ合った後、両巨魁は「百年の知己のように」語り合った。第四章の「熾烈なる内部抗争」の項で述べた、宮本衆院選出馬時のやりとりは、この際なされたものである。

なお、池田ばかりでなく、宮本も当時は「議員」ではない。宮本が国会議員となるのは昭和五十二年七月の参院選からで、それ以前は議席も無しに「議会政党」を支配していたのである。初出馬した参院選では、全国区の定数五十名のうち三十九位。同党の下田京子《しもだきょうこ》の二十九位にも及ばぬ〝惨敗〟だった。

ノーバッジのドンたちが「なごやかに」懇談したのち、「創共協定」はあらためて公表された。が、表に出た途端、蚊帳の外に置かれていた公明党首脳、さらには保守・公安関係者から反発が起きた。

すると、機を見るに敏な池田大作は、早くも翌八月に、

「共産党と共闘する意思は持っていない」

と発言。共産党側もしばし我慢の後反論を開始、「歴史的協定」は十年どころか一年も持たずに死文化してしまったのである。

⑫

袴田里見

リンチ事件の真相をめぐって盟友宮本と衝突、除名処分を

明治三十七年～平成二年

「スパイ狩りの猟犬」・袴田里見は青森県の地主の生まれである。江戸時代は郷士で、明治初期までは田畑や山林もあったという。

だが父の馬道楽と、長兄の博打で家産が傾き、袴田が小学生のときは学用品にも困る状態だった。十五代続く「豪農」であったが、父の馬道楽で財産を減らした田中角栄家のようだ。

野心の方も角栄と似ており、子供の頃は「東大を出て政治家になり、総理大臣になるんだ」と夢見ていた。「公党」の大幹部にまで上り詰めたのだから、野望の半

分は達成できたというところであろうか。

上京して中学に通ったが、米騒動や労働争議の影響を受け、社会主義に目覚めた。「ブルジョア政治家」になることが「空想にすぎない」とわかったのだという。

中学校を中退後、労働運動に関与するうち徳田球一、渡辺政之輔に見出され、クートべへ留学。が、この時点では、袴田はまだ共産党員ではない。というのも、当時の共産党は地下組織ゆえ、大っぴらに看板を掲げていたわけではなかった。そのため袴田も、党の存在を察知してはいたものの、明確には知らされないまま留学したのである。

袴田はクートべ在学中にソ連共産党へ入党し、帰国後自動的に日本共産党員となった。「本部出身」との優越感でも持っていたのか、

「俺はソ連の党の筋金入りだ」

「俺が頼めば、ソ連の党は何でもしてくれる」

などと威張っていた。事実、ソ連から小遣いを貰っていたことが発覚している。

袴田は三・一五事件の直後に帰国し、党の再建に取り組んだ。だが直後に逮捕され、出獄後、東京市委員を経て中央委員候補となる。このとき宮本顕治と共にリンチ事件を起こし、両者の持ちつ持たれつの関係が始まるのである。

事件後中央委員に就任し、しぶとく検挙を逃れていたが、昭和十年ついに逮捕。

戦後になるまで党中央は再建されなかったため、袴田は「最後の中央委員」といわれることになる。

戦後、徳田体制の下でも中央委員を務めたが、「五十年分裂」では反主流の国際派に所属。六全協以降指導部に復帰した。

宮本体制確立後は副委員長に就任。だが若手が台頭するにつれ、宮本との間に隙間風が吹き始め、リンチ事件の再燃を機に除名処分となった。

やられたらやり返す袴田も、負けじとリンチ事件の真相を暴き立て、四十年以上に及んだ二人の腐れ縁は終了したのである。

ソ連崩壊が招いた思わぬ大事件

公明党・創価学会との関係は水泡に帰した共産党だが、社会党とは比較的良好な関係を保っていた。

昭和五十一年から五十三年まで、社共間は三年連続で革新統一戦線について合意。革新自治体を守ることを謳い、一部選挙区での共闘も進めた。

当時、自民党政権は揺れていた。昭和五十一年にロッキード事件が発生し、前首相の田中角栄らが逮捕。首相の三木武夫をおろす動きも出た挙句、年末の総選挙で結党以来初の過半数割れを喫したのである。

その間昭和五十一年六月に、河野洋平らが脱党して「新自由クラブ」を結党。翌五十二年三月には、社会党でも離党騒ぎが勃発し、江田三郎が「社会市民連合」の結成を表明した。江田は直後に急逝してしまったが、翌年三月田英夫を代表として「社会民主連合」が結党された。自民党のぐらつきと、多党化していく野党の中で、共産党は「社共」を足掛かりに統一戦線結集を目論んでいた。

しかし、昭和五十三年あたりから、その風向きがおかしくなってきた。それも、〝領地〟である革新自治体からさざ波が立ち始めたのである。

昭和五十三年三月に、革新自治体の象徴であった京都府で、知事選が行われた。七期二十八年に渡って知事を務めた蜷川虎三《にながわとらぞう》が引退し、共産党はその後継者を支援した。だが社会党は「社公民」候補を擁立し、野党票が割れ保守系候補を当選させる羽目となったのだ。

翌五十四年の統一地方選挙では、京都と並び代表的革新自治体だった東京と大阪で、保守系候補が当選。東京では元総評議長・太田薫《おおたかおる》を社共推薦で擁立したが、自公民の推す鈴木《すずき》俊一《しゅんいち》に敗れた。

その年十月の総選挙において、共産党は公認候補三十九名を当選させ、党史上最多となる当選者を出した。が、社会党は十六議席減の百七議席と惨敗し、総評とともに「社公」路線に舵を切った。公明党との選挙協力を進めることで、低落傾向に歯止めをかけようとしたのである。ありていにいえば、共産党より学会票の方が頼りになるということだ。

年が明けた昭和五十五年一月、社会党と公明党の「連合政権構想」が合意された。その「政治原則」の中で、「現状においては、日本共産党は、この政権協議の対象にしないことで合意した」と謳われた。要するに、社会党は、共産党を切り捨て公明党に乗り換えたのである。

これに先立って、公明党と民社党との間でも、「中道連合政権構想」が合意を見た。公明党を軸とする社公民のブリッジ共闘によって、

「日本共産党と社会党との共闘は、中央レベルでは原則的に否定され、これ以降、国会運営では、『日本共産党をのぞく』という無法な体制が、十数年にわたってつづく」（『日本共産

党の八十年』）

状況になったのである。

ただ、共産党をソデにした社会党も、その後の道のりは順調ではなかった。むしろ逆で、崩壊への道を歩んだのである。それまでも「長期低落傾向」ではあったが、「社公合意」の数年後、決定的なトドメを刺される事態が訪れたのだ。

昭和五十七年十一月の中曽根康弘内閣発足が、社会党崩壊の狼煙であった。「戦後政治の総決算」を掲げた中曽根は、「民間活力の活用」を説き、「行政改革」を最重要課題として取り組んだ。改革の対象となったのは専売公社、電電公社、国鉄である。

まず昭和六十年四月、専売公社が日本たばこ産業会社（ＪＴ）となり、電電公社が日本電信電話会社（ＮＴＴ）となった。

次いで昭和六十二年四月、巨額の債務を抱え「お荷物」といわれた国鉄が、ＪＲとして六つの地域に分割民営化された。

この行政改革によって、総評が致命的な打撃を受けた。総評は公共企業体等労組協議会（公労協）を核としていたからだ。中でも国鉄の労働組合である国労は、総評のまさに心臓部であった。急所・国労を衝かれた総評は、労働界の再編も相俟って、二年後に解散。民間労組が先行する形で新ナショナルセンター・連合が発足するのである。

「本店」の総評が崩れたことで、「出店」の社会党も崩れていった。昭和六十一年総選挙では、二十七議席減の八十五議席へと転落。続く平成二年は土井たか子の「マドンナ旋風」で百三十六議席へ復調したが、同五年は七十議席と歴史的敗北を喫してしまう。その後も急降下を続け社民党への衣替えを余儀なくされるのである。時に平成八年一月。「社公合意」から丁度十六年目の冬だった。

社会党が衰亡への道を辿っていた頃、共産党にも大きな試練が訪れた。

平成三年、「生みの親」であるソ連が崩壊したのである。すでにソ連と対立関係にあった日本共産党は、「大国主義・覇権主義の歴史的巨悪の党の終焉を歓迎する——ソ連共産党の解体にさいして」と題する声明を発表し、ソ連の崩壊を

「もろ手をあげて歓迎すべき歴史的出来事である」

と表明した。これは

「ソ連の覇権主義と三十年にわたってたたかいぬいた党としてのまぎれもない実感」

だったそうだが、「共産主義の失敗」という事実は揺るぎようもなく、ソ連消滅後、初の総選挙である平成五年衆院選では十五議席と敗北した。

とはいえ、総評の瓦解であっさり倒れた社会党に比べ、「本家」が滅亡しようとイメージダウンがあろうと生き残っている共産党——二枚腰どころか三枚腰、四枚腰といえるのではないか。

ところでソ連崩壊は、思わぬ〝事件〟を招いた。

当時、名誉議長だった野坂参三が、ソ連のスパイだと発覚したのである。発端は週刊文春のスクープだった。文春はソ連崩壊後に出始めた資料を入手。野坂がソ連で活動していた頃、同志を偽りの密告により、死刑に追いやっていたことを明らかにしたのだ。

これを受け、共産党も〝党の顔〟の査問を開始。百歳となっていた野坂参三は、密告の事実もソ連と内通していたことも認めた。「愛される共産党」で一世を風靡したヒーローは、平成四年十二月、スパイとして除名されたのである。

共産党も独自にソ連秘密文書の調査を進め、委員長の不破が『日本共産党にたいする干渉と内通の記録』という著作にまとめた。上下二巻に渡る大著である。

その中で、ソ連から野坂、志賀、袴田らへの資金提供が詳らかにされ、指弾されている。だが、これは個人の罪でなく、共産党自身の罪であろう。彼らは末端の一党員ではなく、党の方針に影響を与えうる幹部だったのだ。「共産党幹部」が授受した金を、「個人」の問題に矮小化するのは、明白な責任転嫁である。社会党にも自民党にも当てはまることだが、外国からの資金受領の案件は、徹底追及されて然るべきだろう。

⑬

野坂参三

明治二十五年〜平成五年

日本共産党の顔だったが、ソ連のスパイだった

野坂参三は日本共産党の「顔」だった。党の創立メンバーであり、戦後は第一書記・議長として、対外的に党を代表する存在であった。しかしその正体は、未だ謎に包まれたままなのである。

系譜からして興味深い。「野坂」というのは母方の姓だが、父方の小野家は、忍者の家系だったようなのだ。野坂の父のタンスには、「忍びの術」の秘伝書が入っていたという。

また、縁戚には、後藤新平をはじめとする内務省関係者が何人もいる。その一人

は野坂の長兄と組み、「モロゾフ製菓」を乗っ取った人物でもある。

さらに、複数の銀行家とも縁続きなのだ。それも興銀、三菱、三和といった、一流どころ揃いである。

つまり、野坂の身辺は、〝敵〟たる内務省、資本家だらけだったのである。「ソ連のスパイ」であったことは確定している野坂だが、「日本の官憲とも内通していたのではないか」と疑われる所以だ。

野坂は慶大時代に「卒論で労組のことを書きたい」と称して友愛会に出入りし、卒業後、書記として同会に入った。その後英国へ留学し、イギリス共産党に入党。一方で、同時期欧州に来ていた縁者の内務官僚と接している。野坂の特異な環境からして、そもそも友愛会への就職自体が、当局の意を体したものだと見る向きさえある。

帰国後野坂は日本共産党の設立に参加。野坂が友愛会時代から「ヒモ付き」だったとの見方を信ずれば、共産党はスパイを交えて結党したことになる。

第一次検挙で逮捕され、続いて三・一五事件でも捕まるが、「目の病気」を理由にあっさり仮出獄。袴田里見に言わせると、当時、共産党員は、スパイになるか転向するか以外、瀕死の重病人でも保釈されなかったという。

「野坂は日本の当局のスパイでもある」との疑惑――状況証拠では、限りなく

「黒」に近いと思える。付言すれば、「八芳園」の主で保守派の政財界人・久原房之助《くはらふさのすけ》も野坂を「愛国者」と絶賛していた。

釈放された野坂はソ連へ渡り、コミンテルンで活動。ここでソ連と密接な関係を築くが、一方では同志の共産党員を密告し、死に追いやっている。渡米、中国滞在を経て終戦後に日本へ戻るが、その間アメリカのスパイになったという話から、GHQと内通していたとの話まである。何重スパイだったかわからぬ男なのである。

表舞台では「愛される共産党」を唱え、衆議院議員・参議院議員を歴任。また党内でも、徳田についたと思えば宮本へ鞍替えし、スパイと発覚する百歳まで幹部の座に居続けた。変幻自在で謎まみれの生き様は、忍者の血のなせる業だったのだろうか。

共産党の政党助成金をめぐる矜持

少し時代を遡るが、昭和五十七年開催の第十六回党大会で、主要幹部のポストが動いた。議長の野坂が名誉議長に棚上げされ、委員長の宮本が議長に就任。不破は書記局長から委員長へと昇格し、金子満広が書記局長に選任された。無論、実権を握るのは宮本である。一時期不破が副議長となり、村上弘《むらかみひろむ》が委員長に就任したが、基本的にはこの体制で十年近く続いた。

そして、平成二年の第十九回党大会で、不破の書記局長就任以来の抜擢人事が行われた。宮本と不破は留任したが、書記局長の金子は副委員長へ異動。後任の書記局長に、弱冠三十五歳の志位和夫が選出されたのである。

不破と同じく理系の秀才で、話しぶりもどこか似ているこの新書記局長は、まだ非議員であった。参院議員だった宮本も、前年に議員を引退しているから、縦のラインの三人中二人がノーバッジだったことになる。こうした「議会軽視」ととられかねない人事も、共産党が警戒され続けた理由の一つだろう。

志位は平成五年の衆院選で議席を得たが、この選挙は「政権交代選挙」であった。自民党が結党以来、初の下野に追い込まれ、七党八会派による細川護煕内閣が誕生したのである。

共産党は蚊帳の外に置かれたままで、不破や志位は連日テレビで

「自民党以上に自民党的」

などと細川政権を批判していた。だが、「国民連合政府」に向け猛進する今の姿を思えば、事と次第によれば殿様を支えたのではと勘繰りたくなる。

細川内閣は「政治改革」と称して選挙制度の改革を推進。平成六年一月に、小選挙区比例代表並立制の導入を柱とする「政治改革法案」が成立した。

その一環として、政党助成も導入され、税金が政党へ交付されることになった。「国民一人あたり二百五十円」、つまり三百億以上の公金が、政党へばら撒かれるようになったのである。

共産党はこの公費助成に反対し、政党交付金の受け取りを拒否。その理由をＨＰで簡潔に説明している。

「助成金目当てにくっついたり離れたり……。政党が堕落しています。国民には大増税、自分たちは税金でぬくぬく活動――こんなことが許されるでしょうか」

これは全くの正論であろう。「財政危機」だと言いながら、自分たちの高額歳費は「仕分け」せず、さらに税金からふんだくる……こんなことが許されるわけがない。まして、今の制度では、支持政党でもない政党にまで、血税が回されてしまうのである。

共産党内部では、「貰うべき」との声もあったというが、貰わないことによる「信頼」は、かけがえのない財産であろう。筆者が秘書時代に接していた有権者の一人に、ゴリゴリの保守の社長がいたが、その方もまた政党助成には批判的で、「貰っていない点は立派だ」と共産党を褒めていた。普段、「アカ」と言ってはばからない者さえも、受け取り拒否を絶賛しているのである。拒否にとどまらず廃止へ追い込み、ついでに月百万の文書通信交通滞在費や、地方議員の高額報酬・政務活動費・費用弁償なども、徹底的に糾弾してもらいたいものだ。さすれば保守票からも一部流れる……かもしれない。

ちなみに当時自民党の若手議員で、のちに某県知事となり、その後大学教授に転じた人物は、公費助成に積極的に賛成していた。が、クイズ番組で以下のような醜態をさらし、筆者は唖然とさせられたものである。

「国民一人あたりいくら負担するのでしょう？」

「……？？？」

この有様を見せつけられて以来、筆者は彼が「政策」を語るたび、失笑を禁じ得ないのである。なお、その男の「沈黙」を、後ろの席で指差しながら怒っていたのは、共産党の穀田《こくた》恵二《けいじ》であった。

さて、平成八年総選挙から、「政治改革」の目玉であった小選挙区比例代表並立制がスタートした。

比例代表がくっついてはいるものの、定数一名の小選挙区制は、小政党には不利である。そのため共産党も、導入当初は苦戦を強いられると見られていた。

しかし、この党はやはり強い。小選挙区での二勝を含む、十一議席増の二十六議席を獲得したのである。

当時、橋本龍太郎内閣で、自社さ三党による連立政権だった。社会党は二年前の村山内閣誕生時、従来の主張を覆して「安保賛成・自衛隊合憲」へと転向。その後社民党へと看板を変えたが、もはや往年の面影は無く、自民党の補完勢力と化していた。

野党サイドも政党の離合集散を反復。細川内閣の与党を中心として結党された「新進党」や、さきがけから出た菅直人、鳩山由紀夫らの「民主党」など、「選挙互助会」の如き党ばかり目についた。

その点、共産党は、党名もそのままだし、「一貫」して——見てきたように、実際は〝転向〟を繰り返しているのだが——見える。自民党との違いもわかる。行き場の無い非自民層と、似たり寄ったりの主張に飽き足らない層とを、上手く取り込めたことが逆境下の躍進につながったのだろう。

そして翌平成九年、躍進以上の「事件」が起こる。

不破が宮本顕治に鈴をつける

第二十一回党大会で、宮本顕治が「引退」したのである。

宮本はすでに八十八歳となっていた。会議に出る際は車椅子を使い、声を出すのも難しく、党大会にも出席できない状態だった。

にもかかわらず、宮本本人は引退するつもりなどなかった。

「もう退任される時期だろう」と考えた不破が、何度も宮本宅に足を運び、御大を説得。しかしなかなか「わかった」と言わない。

元政策委員長の筆坂秀世《ふでさかひでよ》が不破から聞いた話では、次のようなやりとりがなされたのだという。

「君、僕は何か間違いを犯したのか」

「そうではありません」

不破は年齢などを挙げて説得し、渋々宮本が応じたのだそうだ。

昭和三十三年に、書記長として実権を握ってから三十九年。昭和三十六年に、綱領を定め〝独裁体制〟を敷き始めてから三十六年。これほど長く一人の人間が君臨した「公党」は、共産党の他に無い。

「長い」といわれた佐藤政権は七年八か月。「田中支配」は十年弱。「竹下派支配」も十年と少しである。しかも、それぞれ有力な反対者が存在した。枠を「政党」から「政界」へと広げてみても、宮本に匹敵する支配者は、創価学会の池田大作くらいである。

いくら、「余人をもって代えがたい」指導者であろうと——同じ人間が数十年も居座り続け、周囲もそれを看過するところに、この党の特異さを感じるのである。

宮本はこの党大会で名誉議長に退き、三年後の第二十二回党大会で名誉役員へ「降格」。完全に引退し、平成十九年夏、九十八年の生涯を閉じた。

共産党の強みと弱み

宮本の後、議長ポストはしばらく空席であったが、第二十二回党大会で不破が委員長から昇格した。志位が委員長に就任し、書記局長には市田忠義《いちだただよし》が選任された。

名実ともにナンバーワンとなった不破は、綱領の大幅改定に着手。平成十六年の第二十三回党大会で、四十三年ぶりに「新綱領」が発表された。

その中身は
「自衛隊については、海外派兵立法をやめ、軍縮の措置をとる。（中略）国民の合意での憲法第九条の完全実施（自衛隊の解消）に向かっての前進をはかる」

「天皇の制度は憲法上の制度であり、その存廃は、将来、情勢が熟したときに、国民の総意によって解決されるべきものである」

等々「柔軟性」の感じられるものとなっている。

しかし一方で、

「現在、日本社会が必要としている変革は、社会主義革命ではなく、異常な対米従属と大企業・財界の横暴な支配の打破——日本の真の独立の確保と政治・経済・社会の民主主義的な改革の実現を内容とする民主主義革命である」

「日本の社会発展の次の段階では、資本主義を乗り越え、社会主義・共産主義の社会への前進をはかる社会主義的変革が、課題となる」

とも述べられている。

つまり、宮本顕治の定めた「六一年綱領」——さらに遡れば「党章」草案——で規定した、「米帝国主義と日本独占資本という二つの敵を、人民民主主義革命によって打破し、その後に社会主義革命を行う」との「二つの敵・二段階革命」路線は生きているのだ。

「統一戦線」——この綱領制定時は「民主連合政府」だが、現在は「国民連合政府」——についても縷々《るる》言及されており、結論のような形で

「社会主義への前進の方向を支持するすべての党派や人びとと協力する統一戦線政策を堅持し、（中略）社会主義的改革の道を進むよう努力する」

と明記。統一戦線を堅持したうえで社会主義革命を目指す——こう謳っているのである。

一部の主張が「常識」に近づいたという印象は受けるが、根幹部分で宮本路線と変化は無い。加えて「敵の出方論」を撤回していないとくれば——警察が「日本共産党の動向に重大な関心を払う」のもやむを得ないだろう。綱領では「革命」を謳い、他所でも「敵の出方

論」を唱えている以上、万一の事態が無いともいえない。

綱領改定の翌平成十七年、衆院選が実施された。小泉純一郎首相による「郵政解散」である。この選挙は「刺客」など自民党の戦略に注目が集まり、埋没した共産党は九議席と敗北した。続く二十一年の「政権交代選挙」でも、非自民票が民主党に流れ、共産党は同じく九議席にとどまった。その間十八年の第二十四回党大会で、不破が議長を退任している。

自民党が与党に戻った平成二十四年の衆院選でも八議席に終わった。

しかし、翌二十五年の参院選では、底力の強さを発揮して、三議席から八議席へ躍進する。これは三年間の民主党政権の体たらくを見て、非自民層が共産党へ流れたためである。「ブラック企業批判」など、独自性を打ち出した等の理由もあろうが、「他の野党よりマシ」と見た有権者が多かったというのが最大の勝因だ。

平成二十六年総選挙でも勢いを維持、三倍近くとなる二十一議席を獲得した。余勢を駆って翌二十七年「戦争法」反対運動を展開し、「国民連合政府」を提唱。その流れで二十八年参院選、野党共闘を実現するのである。

この野党共闘は、おそらく次期衆院選でも続くだろう。民進党内には「政策の違う共産党とは組めない」との慎重意見も出ている。だが、前回総選挙の数字を基に換算すると、野党一本化なら議席が倍になるという試算もある。議席の維持が何より大事な政治家たちは、「政策」なんぞ横に置き、統一候補の擁立に向け奔走するはずだ。

共産党は無論、共闘に前向きである。そもそも小選挙区での当選が難しい以上、統一候補を推しても議席にはあまり関係が無い。ならば自民党における学会票のように、野党連合のキャスティングボートを握る方が得策だ。実際、多くは無いが確実な票を持ち、地道な活動をいとわぬ共産党は、野党連合の当落のカギを握るであろう。

かくの如く上昇気流にある日本共産党——一方で、その足元がぐらつき始めている。「飯の種」たる赤旗の部数が、激減しているのだ。

平成二十六年第二十六回党大会で公表した部数は、日曜版を含め百二十四万部。最盛期の三百五十五万部（昭和五十五年）に比べると、三分の一近くにまで減っているのである。

百四十五万部以下に減った平成二十三年には、「経営的困難を抱え、発行を続けることが危うくなった」として値上げを実施。未だ自民党と争う集金力を保ってはいるものの、収入の大部分を占める赤旗の凋落は、はなはだ党財政を圧迫している模様だ。

強引な勧誘も問題となっている。市役所などの行政機関で、共産党議員が職員に赤旗の購読を迫っているというのだ。

断ると嫌がらせを受けるケースまであるという。

赤旗の「強制購入」を、「事実上の政党助成金」と見る向きさえある。

確かにその通りで、せっかくの「快挙」も霞んでしまいそうな「暴挙」である。「正論」の裏で、こうした嫌らしい部分のあるところも、共産党が警戒される理由だろう。

しかし、赤旗が減り続け、党財政が火の車になろうと、日本共産党は生き延びるに違いない。

非合法で出発し、何度も何度も「弾圧」され、党中央が壊滅し、分裂し、火炎瓶を投げ、「本家筋」と対立し、共産主義が失敗に終わっても――この党は生き残っているのである。一世紀近くも。

その生命力の強さは尋常ではない。いや、類を見ないとすらいえる。常識的に考えて、武装蜂起を現に行った政党が、その後勢力を増すとは考えられないことではないか。

他の政党と比べて見るがいい。「大野党」であった社会党は、総評が崩されると消滅し、等しく「大野党」であった新進党も、内紛続きで短命に終わった。その他諸々の政党が、出てきては消え、名前を変え、まとまっては分裂を繰り返している。ところが共産党だけは、何があろうと消えずに生き長らえてきたのである。

赤旗は今後も減るだろう。党財政も厳しくなるだろう。党員の減少や、高齢化も進むに相違ない。だがそれでも、「真面目で勤勉」なこの党は、どこかに活路を見出して、一定の勢力を保ち続けるであろう。共産党とはそういう党である。

しかも、共産党が消滅せず、「表」で活動することは、当局の思惑とも合致するのではないか。議員数ゼロが続いたり、赤旗が同人誌並みの規模に落ちたりすると、先鋭化しないとも限らない。だが「公党」である限り、暴走する可能性を低く見積もられるのである。

たとえ革命政党であろうと、議会に席を得ている以上、体制の枠内に収まっていると見做すこともできる。それが当選者を出せなくなり、枠外に出て、〝地下組織〟に戻ってしまったりすると――かの「敵の出方論」が、いよいよ頭をもたげてくると思えるのだ。

平成三十四年、日本共産党は創立百年を迎える。おそらくその「記念すべき」瞬間も、十数名だか二十数名だかの国会議員とともに迎えるはずである。体制の片隅に生えた雑草の如き党として。

「低空飛行を続けるが、決して墜落しない丈夫な飛行機。ただし、爆発する可能性もゼロではない」――日本共産党とは何かと一言でいえば、このように表現できるのではないだろうか。

⑭

昭和二十九年〜

志位和夫

「国民連合政府」をめざす現日本共産党委員長の野望

現日本共産党委員長・志位和夫は千葉県に生まれた。両親ともに共産党員で、小学校の教師だった。父の明義は船橋市議にもなっている。いわば「二世議員」である。

志位は六〇年安保の際、父に肩車をされてデモに〝参加〟。環境は人を決めるというが、党員の家に生まれ育った志位が、共産党入りするのは必然だったのであろう。

志位は中学生時代、興味深い逸話を残している。社会科の教師が「戦争を無くすためにはどうしたらいいか」と質問したときの話だ。

他の生徒が「国連が……」などとお茶を濁す中、志位は答えた。

「戦争には民族の問題があるんだから、どんどん国際結婚すればいい」

これは面白い意見だが、「国籍問題」など別の問題が生じかねない面もある。蓮舫の二重国籍を看過している共産党だが、その理由は選挙協力目的ばかりでなく、国籍軽視の思想もあるのだろうか。

志位は東大一年のとき、「正式に」共産党へ入党した。当時、田中角栄内閣が小選挙区制導入を企図。これに対する反対運動に参加する中で、「周辺居住者」からの脱皮を決意したのである。入党後は党活動に熱中し、卒業後は党の専従職員となった。

だが、進路に関しては、色々と迷った様子だ。志位はクラシック音楽に通じており、高校時代は本気で作曲家を目指していた。ピアノやバイオリンを弾くことができ、自作曲を作ったこともあるそうだ。この大好きな音楽の道、及び大学で学んだ物理の道。あれこれ悩んだ末、専従活動家の道を選んだのである。

昭和五十五年に党職員となった志位は、はじめ東京都委員会に勤務し、二年後に党本部勤務となった。そして平成二年、党職員になって十年目、三十五歳で書記局長に抜擢されるのである。

ノーバッジの書記局長は三年後の総選挙でバッジを付け、平成十二年、不破哲三の後を受け委員長に就任。十八年には不破が議長を引退したため、組織上は完全に党のトップとなった。

筆者は国会で志位を見かけたことがあるが、「背の高い官僚」との印象だった。事実、党官僚として純粋培養された志位は、一般社会の経験が無い。その点、ほぼ党員生活しか経験の無い宮本顕治と似ているのだ。志位には宮本に対する如き「独裁」批判は無い。が、委員長となって十六年。党首が滅多に交代しないこの党の悪習は変わっていない。武装闘争を分派の責任とする主張も変化は無い。党の体質が変わらぬままの「政権入り」は、やはり一抹の不安が残る。

志位は少女漫画の『ガラスの仮面』が好きだという。同作は未完の傑作として知られるが、「国民連合政府」を目指す志位の野望は完結するのであろうか。

あとがき

日本共産党は「侵略戦争に反対した唯一の政党」を売りにしている。それだけに、過去の歴史をめぐる保守政治家の発言には敏感だ。

「侵略の定義は定まっていない」

平成二十五年四月、安倍首相が国会でこう発言すると、機関紙の赤旗は次のように主張。発言の撤回を要求した。

「発言を撤回しないのでは反省したことになりません。過去を反省しないで未来はありません」（平成二十五年五月二十三日）

戦後七十年の際に出された「安倍談話」に対しても、志位委員長名で「戦後七〇年にあたって――「安倍談話」と日本共産党」を発表。以下の如く強い調子で批判している。

「欺瞞《ぎまん》に満ちたもの」

「乱暴きわまりない歴史の歪曲《わいきょく》」

しかし、日本共産党自身が、党史を歪曲してきたことは見てきた通りだ。武装闘争を「分裂した一方の側の行動」などと強弁し、「五一年綱領」も「五一年文書」と言い換える……それこそ「欺瞞に満ちた」党史の書き換えを行っているのである。

他方、日本共産党の役割というものもあるだろう。「舛添問題」では先陣を切り、悪法・政党助成金の廃止も一貫して要求。「費用弁償」と称する地方議員の一日数千〜一万二千円の交通費に対しても、一応は見直しへ向け動いている模様だ。税金の私物化を嬉々として自慢する議員も多い中、日本共産党に期待される部分は少なからずある。

だが、日本の歴史を断罪する一方で、党史の不都合な面には頬かむりを決め込む。「暴力革命」に含みを持たせた「敵の出方論」も、取り下げずにスリカエを図る——このような政党に、信を置くことができるだろうか。政権を任せてよいものだろうか。答えは「否」だと言わざるを得ないのである。

「過去を反省しないで未来はありません」

この赤旗の主張は、日本共産党自身に向かって突き刺さってくるのである。

平成二十八年九月二十八日

栗原直樹

主要参考文献

『日本共産党党性高揚文献』（駿台社）
『日本の暴力革命テキスト』田村隆治編著（新世紀社）
『日本共産党の研究全三巻』立花隆（講談社文庫）
『回想　戦後主要左翼事件』警察庁警備局編（警察庁警備局）
『新・日本共産党101問』治安問題研究会（立花書房）
『日本共産党戦前史』治安問題研究会（立花書房）
『日本共産党の文献集全四巻』日刊労働通信社編（日刊労働通信社）
『日本共産党五〇年問題資料文献集全三巻』日本共産党中央委員会編（新日本出版社）
『日本共産党の七十年全三巻』日本共産党中央委員会（新日本出版社）
『日本共産党の八十年』（日本共産党中央委員会出版局）
『日本共産党綱領文献集』（日本共産党中央委員会出版局）
『日本共産党戦後重要資料集全三巻』神山茂夫編著（三一書房）
『日本共産党事典（資料編）』思想運動研究所編（全貌社）
『宮本共産党を裁く』水島毅（全貌社）
『日本共産党の戦後秘史』兵本達吉（産経新聞社）
『日本共産党研究』産経新聞政治部（産経新聞出版）
『裸の日本共産党』俵孝太郎（日新報道出版部）
『日本共産党首脳部』俵孝太郎（太陽）
『日本共産党』飯塚繁太郎（雪華社）
『評伝 宮本顕治』飯塚繁太郎（国際商業出版）
『宮本顕治と池田大作』飯塚繁太郎・外山四郎（一光社）
『日本共産党五十年史』共産主義問題研究会編（心情公論社）
『日本共産党史　私の証言』日本出版センター編（日本出版センター）
『思想と人間』石堂清倫・五味川純平（角川書店）
『日本共産党創立史話』高瀬清（青木書店）
『戦後日本共産党史』小山弘健（芳賀書店）
『戦後日本共産党の二重帳簿』亀山幸三（現代評論社）
『戦後期左翼人士群像』増山太助（つげ書房新社）
『戦後左翼の秘密』森田実（潮文社）
『共・創会談記』山下文男（新日本出版社）
『渡邉恒雄回顧録』渡邉恒雄／伊藤隆・御厨貴・飯尾潤（中央公論新社）
『小林多喜二を売った男』くらせ・みきお編著（白順社）
『昭和史最大のスパイ・M』小林峻一・鈴木隆一（WAC　BUNKO）
『闇の男　野坂参三の百年』小林峻一・加藤昭（文芸春秋）
『実録野坂参三』近現代史研究会編著（マルジュ社）
『偽りの烙印　伊藤律・スパイ説の崩壊』渡部富哉（五月書房）
『ドキュメント志賀義雄』ドキュメント志賀義雄編集委員会編（五月書房）
『まっ直ぐ』大窪敏三（南風社）
『「天皇制」という呼称を使うべきでない理由』谷沢永一（PHP研究所）
『共産党宣言』（宝島社）

『共産党をめぐる人々』荒畑寒村（弘文堂）
『革命回想全三巻』福本和夫（インタープレス）
『私は共産党をすてた』鍋山貞親（大東出版社）
『田中清玄自伝』田中清玄（文芸春秋）
『獄中十八年』徳田球一・志賀義雄（大月新書）
『伊藤律回想録』伊藤律（文芸春秋）
『日本革命の展望』宮本顕治（新日本出版社）
『宮本顕治の半世紀譜』新日本出版社編集部編（新日本出版社）
『党とともに歩んで』袴田里見（新日本出版社）
『私の戦後史』袴田里見（朝日新聞社）
『昨日の同志宮本顕治へ』袴田里見（新潮社）
『私の戦後六〇年』不破哲三（新潮社）
『不破哲三時代の証言』不破哲三（中央公論新社）
『日本共産党史を語る上下』不破哲三（新日本出版社）
『日本共産党にたいする干渉と内通の記録上下』不破哲三（新日本出版社）
『私の戦後史』上田耕一郎（日本共産党東京都委員会）
『日本共産党』筆坂秀世（新潮新書）
『レポート』昭和二十四年十二月号（時事通信社）
『週刊文春』昭和四十八年一月八・十五日号（文芸春秋）
『週刊サンケイ臨時増刊』昭和四十八年三月六日号（産経新聞出版局）
『週刊新潮』昭和四十八年三月十五日号（新潮社）
『週刊サンケイ緊急増刊』昭和五十一年三月三日号（産経新聞出版局）
『文芸春秋』昭和五十三年七、八、十〜十二月号（文芸春秋）
『中央公論』昭和五十八年十月号（中央公論新社）
『月刊「政界」ポリティコ』平成十五年三月号（政界出版社）
※他に赤旗、読売新聞、朝日新聞、毎日新聞、産経新聞、東京新聞の記事を参照しました。また、宮地健一氏のＨＰも参考にしました。

〈写真提供〉
共同通信社　産経新聞社　ワック株式会社

栗原直樹　くりはら なおき

昭和五十年東京都生まれ。中央大学経済学部国際経済学科卒業。元衆議院議員公設第一秘書。秘書時代は主として地元選挙区を担当し、会合出席、集会の動員、旅行の見送りなどに奔走。知事選等の地方選にも従事した。著書に『田中角栄の青春』や『田中角栄 池田勇人 かく戦えり』（小社刊）などがある。

ブックデザイン：塚田男女雄（ツカダデザイン）

日本共産党大研究
――「躍進」と「不都合な過去」

発行日　2016年10月27日　第1刷発行

著　者　栗原直樹
編集人
発行人　阿蘇品蔵
発行所　株式会社青志社
〒107-0052 東京都港区赤坂6-2-14 レオ赤坂ビル4F
（編集・営業）Tel：03-5574-8511　Fax：03-5574-8512
http://www.seishisha.co.jp/
印　刷　株式会社ダイトー
製　本　東京美術紙工協業組合

ISBN 978-4-86590-034-7 C0095